全世界都在玩的
愛情
LOVE
心理測驗

腦力＆創意工作室◎編著

談談情、猜猜愛
——最新、最準、最好玩的愛情心理測驗

　　我愛的人愛我嗎？愛幾分？身邊的他，會不會見異思遷？面對意味深長的微笑，我可不可以不再猜測？沉默背後隱含的訊息，睡夢中莫名的驚悚，為了那份清澈似水的愛情，我可不可以不再忐忑？想不想更瞭解自己？想不想當別人肚子裡的蛔蟲？打開這本愛情心理測驗，110個高招妙測讓你輕鬆破解愛情的密碼，看透她和他還有你自己的心思。你要的浪漫、你要的愛情、你要的婚姻、你要的性愛在一瞬間輕鬆擁有，生活原來如此美妙！

　　這是一本最新、最準、最好玩的愛情心理測驗，它可以讓你隨時瞭解自己隱藏的個性，指導你的約會、戀愛、愛情和婚姻。在這裡有你想要知道的一切：他是花花公子嗎？你會被第三者判出局嗎？哪種氣質女生最吸引你？這個男人對妳是不是真心的？妳能讀懂他的心嗎？妳在床上容易犯的錯誤是什麼？妳是個大女人嗎？你是重色還是重友？妳會有幾個Baby？你是如何面對避孕這個敏感問題的？……用趣味測驗的方式，幫你瞭解自我、瞭解他人，給你帶來無窮的想像和未卜先知的魔力。

親愛的讀者朋友們，當你在書店看到一本關於心理測驗的書時，是不是想先睹為快呢？可是當你打開書時卻發現，為了得到一個結論，你必須先回答十幾個甚至幾十個問題，何其繁也，何其煩也！當測驗變成了考試，當引導變成了誘導，興趣沒了！熱情沒了！好的心情也隨之沒了！所以本書將承諾，你只要一個選擇，便可以得到一個滿意的結論！每一個問題的回答無需太多的思考，只需你真實的第一反應。另外，書中大部分題目都是由輕鬆幽默的故事引出的，每道題後面都有心理解析，提供心理測驗所依據的原理，讀過之後，你不僅能夠學一點心理學的知識，甚至還可以根據這些原理舉一反三設計出新的心理測驗，用這些有趣而簡明的試題來測測你的家人、朋友、同學、同事，引以為樂、開開玩笑，不亦樂乎！

　　這些愛情心理測驗是建立在心理學基礎上的娛樂，它以詼諧的測驗情景進入測驗，融合了獨具見解的個性分析，高興時你可以對號入座，愁悶時你可以付之一笑。當你在清風徐徐、明月當空之際，翻開這本書，就像拿起充滿神秘色彩的塔羅牌，模仿遙遠時代的占星術，來傾聽自己、審視他人、預測婚姻和愛情。

第一章 浪漫之約——瞭解自己和對方，為愛做準備。

第二章　愛情之窗──墜入情網，生命因愛而精彩！

第三章　婚姻之門——讓愛延續，真心恒久不變。

第四章 性愛之旅──涉入愛河，分享魚水之歡。

第一章 浪漫之約

——瞭解自己和對方，為愛做準備。

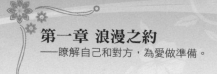

01.阿凡提的陶罐

　　月黑風高之夜,阿凡提的家裡突然闖進了幾個菜鳥強盜。他們翻箱倒櫃一通胡折騰,可是什麼值錢的東西也沒有找到。當他們垂頭喪氣地來到院子裡時,卻意外地發現了一個刻有圖案的陶罐,陶罐裡裝著東西,妳認為裡面的東西是什麼呢?

【測一測】妳是否容易受騙?

　　【心理解析】這個測驗是針對女孩子設計的,在庭院中刻有圖案的陶罐裡面所裝的物品,就是妳會不知不覺原諒男性的最軟弱的表徵。面對愛情,可愛的女生一定要提高警覺了,有時候愛情可能是一場遊戲,需要妳睜大眼睛,仔細看看身邊的那個人,究竟是表裡如一的男子漢,還是衣冠楚楚的偽君子。透過這個測驗,可以幫助妳找到愛情的死穴,識破各類男子的騙術,正所謂,知彼知己才能百戰百勝!

☀ 選擇A

很遺憾地告訴妳，妳中招了。妳是一位天真無邪，以為全天下都是好人的夢幻少女，男人隨便一句甜言蜜語或者是稍稍表示出溫柔浪漫一點，妳就會奮不顧身地墜入情網。同時，妳還是愛情肥皂劇的忠實FANS，整日夢想著有朝一日醜小鴨能夠變成白天鵝，愛情與金錢雙雙豐收。只要有男人吹噓自己多有錢，名下有多少不動產，妳的大眼睛立刻為之一亮，釋放款款深情。在對方糖衣炮彈的攻擊下，妳很快就會神魂顛倒，像被催眠般不肯清醒，甚至被別人給賣了，還在那裡樂呵呵地數錢呢！這類型的人只要一談戀愛就不管工作了，愛情就是妳的罩門，所以要特別小心。

☀ 選擇B

很容易受對方的家世所蒙蔽，不僅如此，那些看似學識淵博的男性也會讓妳深深地傾倒。此類型的女生面對那些幽默風趣、見多識廣，外加舌璨蓮花型的男人，真是躲也躲不了啦！尤其是對於自己熱衷的話題，往往會敞開心扉，迫不及待地洗耳恭聽，如果對方投其所好，這個小女生就會由崇拜而轉為愛慕之情，開始芳心暗許了！

☀ 選擇C

容易受到奢侈品的誘惑，不過妳要明白並不是每個灰姑娘都會得到王子的玻璃鞋的。此類型的人，對美男子的甜言蜜語沒有絲毫的免疫力，極容易中帥哥型男的道，所以應該要更努力去瞭解男性的心理，以防受騙。

☀ 選擇D

對待愛情十分實際，她堅信天下沒有白吃的午餐這句話，如果你毫無理由的對她好，反而會讓她起疑心。她們的邏輯推理能力十分驚人，面對壞男人的甜言蜜語，總會有辦法抽絲剝繭出哪些是不合理的，哪些是謊言。騙子男想要攻破她的心防，著實要耗上一大堆時間，即使是這樣也未必奏效。騙子男怎麼想都不划算，乾脆自動放棄啦！

02.心靈捕手

　　一天夜裡，一個臭名昭彰的大貪官被人砍掉了腦袋，此人生前貪財害命、姦淫婦女，不僅老百姓恨他，就連他的家人和僕役也對其無恥的行徑咬牙切齒。被譽為「神探」的當朝宰相狄仁傑來到了案發現場，經過多方探查，發現有五個人具有作案的嫌疑。請妳根據他們的口供，找出真凶。

　A 貪官的老婆哭著說：「我與他夫妻一場，怎麼會下如此毒手呢？」

　B 貪官的兒子連呼冤枉：「大人，我當時根本就不在家，僕人王二可以幫我作證。我父親有些貪財，生前得罪了不少人，肯定是他們下的毒手，請大人明察！」

　C 貪官的門生分辯道：「我家老爺對我有再生之德，我怎能做這種不義之事呢？雖然我為欠下的鉅款焦頭爛額，也不會鋌而走險呀！還望大人明察秋毫！」

　D 貪官的私生女兼丫鬟不住地磕頭說：「雖然他害死了我的母親，我十分恨他，但我一個弱女子如何敢做這種掉腦袋的事，請大老爺為我做主！」

　E 貪官家裡被囚禁的長工拍手稱快：「罪有應得！老天開眼了！這家人最好全都死光光！哈、哈……」

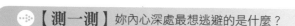

【測一測】 妳內心深處最想逃避的是什麼？

【心理解析】 按照現代心理學分析，不管一個人如何竭盡全力去掩飾，所做的決定都會透露出他的潛意識。由妳的直覺選出的犯人，可以分析出隱藏在妳心裡深處，最想逃避、最想丟棄的東西，還能夠反映出妳的願望和情感。

✻ 選擇A

妳想迫切擺脫眼前諸多糾纏不清的關係。妳認為發生命案的原因是夫妻反目，說明妳想把人際關係切斷。這暗示著妳現在對生活和工作當中的那種粘人、糾纏不清的人際關係感到厭煩，或者也代表妳對於正在交往的戀人開始感到反感。

✻ 選擇B

貪官的兒子是財產的合法繼承人，卻說出了實話。這裡暗示著世上的道德和倫理觀念。由此可以推斷，妳現在正承受所謂的社會一般輿論和倫理道德的壓迫，很多事想做卻又害怕世人的眼光，為此感到十分痛苦。建議妳敞開心胸，只要不是傷天害理的事就要勇敢嘗試，追求夢想是每個人的權利，不妨放手一搏吧！

✻ 選擇C

門生和貪官的關係代表著一種「義務」和「約束」，它暗示著妳對於當前的工作或者是愛情，有一種「不做不行、逢場作戲」的感覺，所以妳很想逃避，很想放開這一切。長期的自我壓抑會給身心帶來傷害，希望妳換個心態來面對自己的明天。

✻ 選擇D

貼身丫鬟這個詞預示著妳對感情的飢渴，在妳的內心深處非常渴望愛情的來臨，與此同時，雙親加在妳身上的過度親情常常讓妳不堪重負，喘不過氣來。父母親過度的關愛，是妳現在最想逃開的壓力。

✻ 選擇E

長工說出了一些十分偏激的話，反映出一種異常的心態。這代表妳看似平靜的心，潛伏著躁動不安的偏激情緒，心理學稱之為「情動」。妳現在很想從非理性的情感中逃脫出來，希望自己不再頭腦發熱，成為一個沉著冷靜的人。

03.夢的色彩

一般人都聲稱自己的夢只有黑、白兩種顏色，這也許是醒後記憶模糊，抑制了夢中的色彩。下次請妳夢醒後立刻記下夢境中的色彩，說不定妳會收到意想不到的驚喜呢！

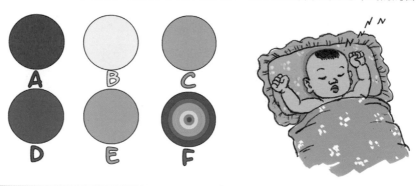

😊【測一測】妳的性格和願望。

😊【心理解析】20世紀最具影響的心理學家佛洛伊德曾寫過一本《夢的解析》，提出夢是願望的反映。也就是說，夢中的情景可以投射出你的願望。他還指出，正常人的夢中只有黑白及灰色，出現了鮮豔的色彩，說明思維異於正常人。而德國睡眠專家蜜雪兒‧施萊德卻認為，絕大多數人的夢是彩色的，人們不能確定夢的顏色是因為人們首先注意了夢的情節，而忽視了夢的色彩。當色彩成為夢中情節的重要部分時，人們就會回憶出夢的顏色。後來有的研究者認為，夢境的色彩也會反映人的願望，甚至是性格。你的夢有顏色嗎？

😊 看一看

✳ 選擇A

紅色是熱情奔放的象徵，夢到紅色，說明妳充滿了熱情，生命力旺盛，喜歡追求新事物。如果夢到火紅的玫瑰，則不論是現實還是夢中世界，都代表著火辣辣的愛情。主動的紅色靈魂，在愛情上是敢衝敢闖的，這樣的愛情是非常精彩而刺激的。對於紅色靈魂來說，若不能冒險一試，那生命還有什麼樂趣呢？但是過度沉醉於卿卿我我的二人世界，則對其他的事容易造成疏忽。

✳ 選擇B

在中國人的潛意識裡，黃色是一種高貴的顏色，所以有關黃色的夢表示妳擁有駕馭他人的能力，並且能力非凡。在愛情中，妳絕對佔主導地位。多次夢到黃色的人，好奇心強烈，興趣廣泛，喜歡各種有趣的遊戲，熱力十足不受時空限制，具有天真無邪的詼諧表現，在愛情的路上總是常勝軍。

✳ 選擇C

橙色象徵著朝氣蓬勃的精神面貌，總是夢到這種顏色的人，希望自己能夠與許多人交往，屬於社交型。由此可見，妳對目前的愛情狀況有些不大滿意，迫切需要改進。因為在夢境中，橙色暗示著一個新的希望或是新生活的開始，尤其是希望在精神方面得到滿足。

✳ 選擇D

藍色是天空和大海的顏色，給人的印象與紅色正好相反，愛情是藍色靈魂最遙不可及的夢想。什麼都容易達成，就是愛情這件事有時是行不通的。歸咎其原因，還是因為你太過於高雅的外在，讓想親近的人望而卻步。藍色靈魂是非常孤單寂寞的，非常希望找到能分享這個夢的另一半，只可惜，知音難尋。多次夢到藍色的人，具有沉穩的氣質，能夠冷靜地觀察形勢，並做出正確的判斷。

✳ 選擇E

綠色是大自然的色彩，是生命力的主要元素，代表著生命力的來源，也代表著重生。如果妳的夢充滿了這樣的顏色，說明妳走出了困難、挫敗的關口，前路漸現曙光。在愛情中，綠色靈魂能讓情人感到被全然包容與接納，是非常迷人的戀愛對象。

✳ 選擇F

七色的彩虹是吉祥的象徵，暗示著好運或好消息就要來臨，你要好好把握哦！在愛情的道路上，你一定會峰迴路轉、柳暗花明的。

04. 選圖片

請在5秒鐘內選出你喜歡的圖片，不要猶豫！

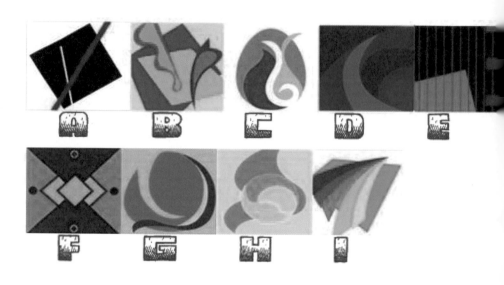

A　B　C　D　E

F　G　H　I

【**測一測**】評估自己的性格！

【**心理解析**】這些圖片是科學家和心理學家一起合作的成果，並且經過歷時幾年的全球性測驗，他們收到這個研究的回應之後，再小心地調整各個圖片的顏色及形狀，然後再次進行測驗，直到他們得到這些非常成功的圖片，這些圖片代表了九種不同的性格。快來看看你們的性格如何吧！

✳ 選擇A 性格特徵──獨立，前衛，不受拘束。

解讀：你追求自由及不受拘束、自我的生活。你的工作及休閒活動都與藝術有關。你對於自由的渴求有時候會使你做出令人出人意表的事。你的生活方式極具個人色彩；你永遠不會盲目追逐潮流。相反地，你會根據自己的意思和信念去生活，就算是逆流而上在所不辭。

✳ 選擇B 性格特徵──頑皮，愉快，無憂無慮。

解讀：你喜歡自由自在、無拘無束的生活。「生命只能活一次」是你奉行的座右銘，因此你盡情享受每一刻。你好奇心旺盛，對新事物抱有開放的態度；你嚮往改變，討厭束縛。你覺得身邊的環境都不斷在變，而且經常為你帶來驚喜。

✳ 選擇C 性格特徵──務實，和諧，頭腦清醒。

解讀：你作風自然，喜歡簡單的東西。人們欣賞你腳踏實地的做事方式，覺得你穩重，值得信賴。你給人一種親切、溫暖的感覺，身邊的人和你相處感到很安全。你對於俗氣的、花花綠綠的東西很感冒。

✳ 選擇D 性格特徵──思想敏銳，時常自我反省。

解讀：你對自己及四周的環境比一般人控制得更好、更徹底。你討厭表面化及膚淺的東西，寧願獨自一人靜思，也不願跟別人閒談，但你跟朋友的關係卻非常深入，這令你的心境保持和諧安逸。你不介意長時間獨自一人，而且很少會覺得沉悶。

✳ 選擇E 性格特徵──專業，自信，實事求是。

解讀：你掌管自己的生活，相信自己的能力多於相信命運的安排。你以實際、簡單的方式去解決問題。你對日常生活中所遇到的事物抱有現實的看法，並且能夠應付自如。人們知道你可擔重任，因此都放心把大量工作交給你處理。你那堅強的意志使你時刻都充滿信心。未達到自己的目標之前，你絕不甘休。

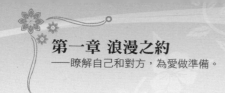

第一章 浪漫之約
——瞭解自己和對方，為愛做準備。

✳ 選擇F 性格特徵——可靠，自信，極具分析能力。

解讀：對事物天生的靈敏度可以使你輕而易舉地觀察到常人容易忽略的一面，這些就是你的寶石，你喜歡發掘這些美好的東西。你的教養對你的生活有很特別的影響，你有自己高雅獨特的一套，無視任何時髦潮流的東西。你的理想生活是優雅而愉快的，而你亦希望跟你接觸的人都是高雅而有教養的。

✳ 選擇G 性格特徵——浪漫，愛幻想，情緒化。

解讀：你是一個感性的人，十分重視自己的感覺。你覺得人生必須有夢想才會活得充實，所以你不會接受那些輕視浪漫主義及被理智牽著鼻子走的人，而且不會讓任何事物影響到你那豐富的感情及情緒。

✳ 選擇H 性格特徵——溫和，謹慎，無攻擊性。

解讀：你生性隨和，但處事謹慎。你很會享受私人時間及獨立生活，也很容易結交朋友。有時候，你會從人群中抽身而出，一個人靜靜地思考生活的意義，並自我娛樂一番。你需要個人的空間，因此有時會隱匿於美夢當中，但你並不是一個愛孤獨的人。你對現狀非常滿意，和這個世界能夠和諧共處。

✳ 選擇I 性格特徵——好動，外向，精力充沛。

解讀：你不介意冒險，特別喜歡有趣的多元化的工作。相較之下，例行公事及千篇一律的生活會令你無精打采。你最興奮的是可以積極參與任何比賽活動，因為這樣你就可以在眾人面前大顯身手。

05. 看鞋識男人

目前，在英國女性中流傳著一種新的擇偶方法，她們在一分鐘之內就可以確定眼前的這個男人是不是自己夢中的白馬王子，而這一切都是透過看男人腳上穿的鞋子來確定的。請問，妳的如意郎君是如何穿鞋的呢？

A 重複購買固定式樣的鞋子。
B 穿鞋很節儉。
C 不在乎自己穿什麼鞋子，亂穿一通。
D 喜歡穿休閒鞋。
E 愛穿正統黑皮鞋。

【測一測】鞋子透露他的內心秘密。

【心理解析】從買鞋行為可以發現男人看待婚姻的態度，心理專家指出，鞋的象徵意義「源於潛意識」。人們通常不會有意識地因為自己的性格習慣是那樣就去購買相對的鞋子來穿，這只是潛意識中的想法在現實生活中的一個反映。因為鮮有女性關注男性的腳，所以男人穿鞋與買鞋較之女性更接近於下意識。每一個男人都不自覺地有他生活上的慣性，而這些習慣就成為他和妳平常如何相處的關鍵。所以，從男人最不經意的鞋子和穿鞋習慣就能瞭解他們。心理專家還指出，男性本身服飾在式樣上不如女性的那麼多，因此通常身上的皮帶、手錶、鞋等容易讓人忽視的東西都會成為別人關注的焦點，鞋子對於表達一個人的生活、精神面貌和性格起到了一定的作用。當然，每個人的具體情況是不一樣的，絕不能將鞋與人們的性格生硬地畫上等號，必須就問題具體分析。

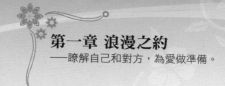

第一章 浪漫之約

——瞭解自己和對方，為愛做準備。

看一看

✳ 選擇A

這種類型的男人是很念舊的男人。對於自己習慣的人和事物，總有一份深深的依戀，就算他的情人無理取鬧、任性、孩子氣，他也會以一種包容的心態去待她，直到她漸漸成熟明理。他的老朋友很多，對朋友十分講義氣，他會為朋友出頭且適時伸出援手，讓老朋友覺得他是個值得信賴的靠山。因此，妳若是愛上了他，不妨多傾聽他的煩惱，多體貼他的生活細節，彼此的情感要以穩定成長的方式進行。

✳ 選擇B

穿鞋節儉的男子，在個性上，屬於拘謹、放不開的保守類型。在為人處事上，不夠圓滑，常常會得罪人而不自知；在人際關係上，周旋的格局較小；在專業領域中，他會因默默努力，而有成功機會。因此，妳若是愛上了他，一定要小心！他可是一位「內心熱情」的男子。第一次約會時，心中就對妳有著無限的遐想，希望能早日和妳變成情人，能一拍即合，親密無間。但他那拘謹、保守的個性，又壓抑著他內心，不敢向妳表白。所以妳不妨主動一些，多製造機會讓他可以表白。

✳ 選擇C

此種類型的人在個性上不拘小節，常常眼高手低。私生活沒什麼條理，又喜歡做白日夢，相信總有一天自己可以一步登天，容易過著自欺欺人的生活。妳若是愛上了他，會發現他的感情世界紛亂複雜，常常是忘不了舊愛，又拒絕不了新歡。三角戀、四角戀糾纏在一起，而當一切紛爭引爆時，他會選擇「逃開」。

✳ 選擇D

愛穿休閒鞋的男人注重休閒生活和生活品味，他對於鞋子要求很高，不但要舒適，而且更注重鞋子的款式，還要搭配合適的服裝。在個性上，他喜歡掌握主動權，主觀意識強，對自己的要求很嚴格，對異性的要求更是挑剔。在生活上，是個有規律的計畫者。和他約會時，妳可以感覺到他是個十分體貼的好情人，態度溫和有禮，言談風趣

幽默，他也是個十分瞭解自己喜歡什麼樣女孩的人。所以和他約會時，即使妳不合他的理想，他也會很親切，別以為他對妳有好感，他只是有紳士風度而已。

※ 選擇E

這種類型的男人習慣穿正統黑皮鞋，並且把鞋子擦得亮晶晶，絕對不能忍受自己穿雙髒鞋子或舊鞋子出門。這種類型的男人，若是連休假或約會都習慣穿他那正統的黑皮鞋，妳可要有心理準備，他肯定有不折不扣的大男人主義傾向，而且對母親的意見十分看重。妳若是愛上他，可別有想左右他的想法，他有一套屬於自己的待人處事原則，絕對不會因為妳而修改。

備註：本測驗題引自著名的肢體語言專家福利克．埃弗雷特的研究成果。

05.聞香識女人

　　香水，讓女人更添柔媚，令男人無法抗拒。它擁有一股不可思議的力量，當全身瀰漫著一股迷人香味時，不僅能夠讓妳變得比平時更加大膽，而且能夠讓妳更有韻味！當然，連妳的表情及小動作也會產生變化。而且，香味還能夠改變妳帶給周遭人的印象喔！也就是說，如果能夠善用香水，妳就能夠成為更有魅力的人喲！假如妳與心儀已久的男士初次共進晚餐，會選擇哪種香水赴約呢？

A玫瑰的花香。

B野百合的清香。

C水果的甜香。

D東方神秘的幽香。

　　●**【測一測】** 妳是哪種類型的氣質女孩？

　　●**【心理解析】** 氣質是指人相對穩定的個性特徵、風格以及氣度。一個人的真正魅力主要在於特有的氣質，這種氣質對同性和異性都有吸引力，是一種內在的人格魅力。氣質美看似無形，實為有形。它是透過一個人對待生活的態度、個性特徵、言行舉止等表現出來的。氣質外化在一個人的舉手投足之間。走路的步態，待人接物的風度，皆屬氣質。每個女孩都具有超凡氣質的潛質，只要妳順應自己的先天氣質精心打造，一定能超凡脫俗。

✳ 選擇A

妳的魅力盡現，期待愛情。妳內心渴望的形象是希望自己能夠成為一個充滿女人味的豔麗女性。穿上露肩的晚禮服，抹上嬌豔的化妝品，風姿搖曳，猶如一朵盛開的玫瑰。由於妳平常受到的限制太多，所以妳渴望得到男人的注目，甚至很多情人的愛。基本上妳還是忠於自己的情感和意願，所以不會冒然突破忠誠的防線。

✳ 選擇B

妳為了凸顯高貴，所以刻意修飾。妳希望把自己塑造成一個典雅、高潔、很有智慧的女子，在男人面前盡顯高雅溫婉、知情識趣的姿態。為了達到這個目的，妳會刻意裝出一副知書達理的模樣，例如在男人面前，妳會手捧書本，悠然地坐在公園的椅子上。其實在妳心裡，是不屑於賣弄風情的，認為這樣會貶低女性的價值，然而這種心態，常常會使人誤解妳自命清高。腹有詩書氣自華，建議妳還是以真實的面孔去結識心儀的他吧！

✳ 選擇C

妳形象規矩，謹言慎行。妳是個天真無邪、純潔的女孩，從小就受到家人的萬般呵護和悉心教誨，因此，這種成長環境促使妳成為別人眼中的乖乖女，不敢做半點出軌的事。正如妳選擇的香水，不會放肆地誘惑男人。妳外在的形象和小心翼翼的性格壓抑了妳的行為，其實聖潔如雪的妳說不定內心很渴求一段激盪人心的愛情，不過隨著年齡的增長，妳可以放手一試。

✳ 選擇D

妳亦幻亦真，保持距離。妳是一個難以捉摸的女人，和戀人交往就像玩捉迷藏一樣，總是刻意保持一點距離，令心有疑惑的戀人不知所措。日子久了，能與妳一起的戀人也會變得心灰意冷。如果妳還是這樣保持神秘感，始終不肯或不敢投入愛情，那麼就會白白浪費大好的青春，錯過真正愛妳的人。因此，建議妳以坦然的態度來迎接愛情，千萬不要糟蹋戀人的真心。

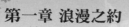

07. 茅廬高臥

話說東漢末年，天下大亂，群雄並起，賣草鞋的劉備也混水摸魚跟著瞎鬧，結果被久歷戰場的曹操打敗，無奈，劉備只得去投奔同宗劉表，討一口飯吃。這天，劉備聽說諸葛亮很有學識，又有才能，就和關羽、張飛帶著禮物到隆中臥龍崗去拜會。一連去了三次，才見到諸葛亮，此時他正在睡午覺。請你猜想一下，諸葛亮睡覺的姿勢是怎樣的呢？

A 蜷縮成母體內胎兒姿勢的胎兒型睡姿。

B 身體偏向一側，雙臂向下伸展，順貼在身上的樹幹型睡姿。

C 身體偏向一側，雙手向外伸展，與身體形成直角的思念型睡姿。

D 完全仰面平躺，雙手緊貼身體兩側的士兵式睡姿。

E 身體平躺，雙臂稍稍上舉抱枕的海星型睡姿。

F 俯臥在床上，雙手抱枕，臉偏向一側的自由落體型睡姿。

【測一測】 睡覺姿勢透露出的性格。

【心理解析】 睡眠過程中的肢體語言——睡姿，是受意識控制極少的下意識動作，所以它所傳達的訊息很少具有爭議性，能真實反映人的心理狀態。英國睡眠評估和諮詢服務機構主任克里斯·依濟科夫斯基透過問卷調查，概括出6種睡眠姿勢，發現每一種姿勢對應著一種人格類型。同時，睡姿也能反映出這段時間的心境、情緒、心理防禦等。

❋ 選擇A

這種人外剛內柔，堅強的外表下有一顆敏感的心。他們第一次見到別人的時候可能會害羞，但很快能放鬆。拱起的背部構成強而有力的自我保護，當一個人正遭受痛苦挫折時，這種睡姿最能讓人體驗到安全感。

❋ 選擇B

此種類型的人大多性格開朗，愛與人交往，很多情況下顯現出領導才能和號召力。不過比較容易輕信他人，過於天真。這種睡姿是悠閒自得的心境的體現，對近期的生活、工作或學習狀態比較滿意。

❋ 選擇C

此種類型的人喜歡與人交往、性格外向，易融入集體。不過採用這種睡姿的人較多疑，有時甚至有點偏激和憤世嫉俗，很難接受不同意見。思念型睡姿是冷戰或逃避問題的一種反映。

❋ 選擇D

喜歡這樣睡覺的人通常性格內向，比較保守。會一絲不苟地遵守嚴格的標準，久而久之會不自覺地嚴格要求別人。

❋ 選擇E

這類人樂於助人，是非常好的傾聽者，對人慷慨，朋友很多，但不喜歡成為焦點。

❋ 選擇F

這類人易緊張，通常比較好動，常因缺乏預見性而行事魯莽，他們對別人的批評通常不能虛心接受。

08.服飾密碼

妳對戀人的瞭解有多少呢？一個非常簡單的方法，就是看他經常穿什麼樣的衣服。

A運動衣。

B筆挺的西裝。

C名牌服飾。

D寬鬆、舒適的衣服。

E同一種樣式的服裝。

F衣著考究但屬於輕便型的衣服。

G不喜歡新衣服。

H除了在重要的場合換新的裝束外，經常穿舊衣。

I常常將外套脫掉，露出裡面的襯衫。

【測一測】穿著洩露出他的情和愛。

【心理解析】服飾與著裝者的心理密切相關，服飾行為可以從側面反映出人的情緒動向和性格特徵。人類對於服飾有著生理和心理兩方面的需求。前者包括安全和物質需求，後者包括自我表現、自尊和社會需求。心理學認為，服飾行為本質上是心理的一種反映，衣著和修飾可以反映一個人的性別、民族、年齡、社會經濟地位、職業、個性、愛好和價值觀等。衣著打扮可以起到美化自己、表現內心世界和達到某種特定的交際目的的作用，可以體現人們對自己的社會角色和周圍世界的不同態度。透過以上的測驗，從中妳可以判斷他的個性和對妳的期待，同時知道他喜歡哪一種類型的女人。

☀ 選擇A

他天生善良、幽默、天真，但是個性孤僻，有時顯得古怪而自私。只有在別人的鼓勵下，才會有良好的表現，因此適合交志同道合的朋友。他的金錢觀念很淡薄，同時又理財無方，因此常常陷入收支失衡的困境，需要親戚朋友們的幫助。那些教育程度高，重視人生理想和目標，人際關係良好，能夠獨挑大樑或在能力上有特殊表現的女性最受他的青睞。雖然這種女性有時太以自我為中心，但是在生活中能給人安全感，權衡利弊之後，他寧願選擇一個可以信賴的女強人，做為終身伴侶。

☀ 選擇B

他懂得追求時髦，有勇氣，有事業心，對事業的追求勝過對愛情的需要，傾向於結交事業或精神上的朋友。他理財觀念好，重視人際關係，是完美主義者。他首選的戀人是善於表達感情，懂得關懷家人，理智又有傑出表現，美麗動人，同時又能享受性愛的女人。

☀ 選擇C

他天性浪漫，重視品味，好勝、自負，個人能力很強，富有領導才能，時常有傑出的表現。他重視個人享受，是一個物質欲望強烈的人。因此常常以自我為中心，不能體諒他人的需要。他選擇的終身伴侶是那種秀麗大方，溫文爾雅，善解人意，能夠持家理財，精通外語，重視良好人際關係，瞭解如何教育子女的外交官型的女人。

☀ 選擇D

他非常重視個人的享受，不喜歡受約束，對人生要求不高。重視朋友，懂得尊重他人。此種類型的人追求較高的精神生活，生活有品味，但脾氣固執甚至略帶古怪。他能夠專心追求自己的理想而不會輕易受人影響，常常事業有成。這種男人在生活上常常不拘小節，希望受到呵護和關懷，因此那些情感細膩，賢慧善良，有家庭責任感，較為傳統的家庭主婦通常是他的第一選擇。

第一章 浪漫之約

——瞭解自己和對方，為愛做準備。

✳ 選擇E

他個性堅強、固執、幹練，精於世故，不喜歡同流合污或者是附和別人的意見。主觀意識很強，人生理想明確，有一種不達到目的誓不甘休的精神。善於照顧他人，是一個有理想、有才華的人。他喜歡有獨特氣質，重感情，尊重生命以及生命的價值的女性。他重感情，重視家庭生活，是一個從一而終的人。不過在情緒不好的時候，他的反叛心理很強，有可能會出現暴力行為。

✳ 選擇F

他屬於外向型性格，活潑、單純、自由自在，重感情，不喜歡約束，嚮往輕鬆人生，雖然理財觀念不太好，但也不必為錢終日操勞。他可以得到朋友的幫助，並因此獲得許多表現能力的機會。那種重視個人成長，有才華，理家、理財有方，略帶權威型的成熟女人會讓他怦然心動。但他不喜歡束縛，即使結婚後也要擁有自己的一片天空，因此，要和他廝守一生，必須懂得張弛有度，給對方足夠盡情發揮的空間。

✳ 選擇G

他是個內向的人，害羞、固執、有理性，不適合處理複雜的人際關係，很少主動結交異性伴侶。個性有些孤僻、不合群，多半在自己從事的行業裡經由別人介紹，或在朋友中找到異性朋友。遇到人生挫折，容易放棄。他喜歡善於照顧自己，家庭觀念強，能夠獨立照顧子女，重視子女教育，有責任感，甚至有良好烹飪技術的女性。他的家庭責任感強，婚後不會在乎另一半的外表，而是注重品德。

✳ 選擇H

他在生活中依賴性很強，不重視個人品味，但能尊重他人的需要，因此很容易交往。能夠為情人犧牲自己的需要，是在愛情中成長的男人。他喜歡獨立、智慧型的女性，希望能瞭解他的需要，並幫助他爭取人生機會，創造人生契機。他的同性朋友很多，不希望受到家庭的約束，所以必須幫助他加強家庭觀念。

✳ 選擇I

他在生活上不拘小節，樸實無華，略帶一點天真。天性善良，理財能力很強，交友手段高。他喜歡腳踏實地的生活，如果想讓人生轉向勝利，事業發展成功，必須注重生活品味。能洞察他的需要，滿足他的欲望，有領導欲望的女人，是他最佳的終身伴侶。

09. 八戒的禮物

　　話說八戒從西天取經回來，從師父那裡領到了一筆豐厚的薪水，於是就去韓國做了整容手術，搖身一變成了帥哥。這天，高老莊門前駛來了一輛名貴的跑車，從車裡走下一個帥哥，原來他是來向高小姐求婚的，只見他拿出了八種禮物放在高小姐面前。妳認為八戒的舊情人會選擇哪一種呢？

A 動物造型的胸針。
B 心型的鑽戒。
C 星型耳環。
D 帶狀頭飾。
E 木質魔符。
F 玫瑰花結。
G 粗的金項鍊。
H 細的銀項鍊。

【測一測】 妳期待什麼樣的白馬王子出現。

【心理解析】 女性佩戴飾品不只是起到美觀裝飾的作用，而且還具有多層的含意。例如，身上佩戴著許多飾品的女孩子，代表著她對愛情充滿著積極的期待。當她改變經常佩戴的飾品時，具有內心情感驟變的徵兆。本測驗足以判斷女性心目中的理想男性究竟為何種類型。

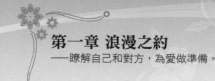

第一章 浪漫之約
——瞭解自己和對方，為愛做準備。

看一看

☀ 選擇A

妳是個play girl型的女孩，個性自然，不做作，與異性交往時喜歡坦誠相見。如果對方是一位冷漠型的男性，妳會因此傷心而以淚洗面。妳最喜歡那種說話算數的男子漢，跟這樣的人在一起，感覺真的很棒，妳可以像一個小女人那樣依偎在他的身邊，而不怕任何人欺負，心裡充滿了安全感。

☀ 選擇B

妳是一個隱藏滿腔熱情的女孩，追求的是自己完全處於被動地位，由男性主控全盤的被動型愛情。在妳的潛意識中，理想的對象是史瓦辛格那樣的猛男。妳對肌肉的渴求度十分高，喜歡超級肌肉男。當妳的夢幻男友向妳展示強壯的體魄時，妳就會好興奮。

☀ 選擇C

妳是有個性的女孩，男性的花言巧語、甜言蜜語都不是妳受用的愛情攻勢。那些有性格、夠前衛的男性才是妳追求的對象，如果遇到慧眼識英雄的伯樂，妳將會毫不猶豫的以身相許。

☀ 選擇D

妳對於現狀極為不滿，是一個標準的「憤世嫉俗」的人。妳的控制欲望極其強烈，希望自己的另一半臣服在妳的石榴裙下永世不得翻身。那些土一點、呆一點的小男人最受妳的青睞，妳希望他乖乖地在家裡上上網、做做飯，不出門最好。這樣妳就會覺得有安全感，才不怕煮熟的鴨子飛了。

※ 選擇E

對異性保持著強烈的警覺性，連聽到聲音、被碰觸都會引起反感。總認為美女的魅力勝過男性，想要贏得她的芳心實在是很難哦！

※ 選擇F

嚮往天長地久、海枯石爛的愛情。對愛情的忠貞度要求得十分高，如果你的另一半偷偷瞄一眼擦肩而過的美眉，妳都會醋意大發。妳理想中的王子是坐懷不亂的柳下惠式的男生。

※ 選擇G

妳是個物質女孩，即使是沉浸在愛河裡，仍抱持著麵包重於愛情的理念。對方的經濟穩定，會讓妳很有安全感。如果對方有錢，對妳夠大方，並且對妳很溫柔的話，妳才不會去在乎他是不是很帥，即便他是個土財主，妳也會認為他土得可愛。

※ 選擇H

妳是個具有戀父情結的女孩，希望尋找能夠呵護、疼惜自己的男性為伴侶。妳很喜歡居家生活，如果妳的男朋友幫妳做做家務，給小孩換換尿布，妳就會覺得很溫馨。妳希望他在家裡多陪陪妳，不去外面拈花惹草，即使整日甜甜蜜蜜的膩在一起，妳也會覺得很幸福的哦！

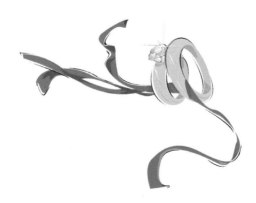

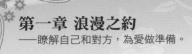
10. 坐姿傳達的訊息（1）

如果你是男士，就想一想你女友的坐姿；如果你是個妙齡少女，就回想一下自己坐下的曼妙姿態是怎樣的？

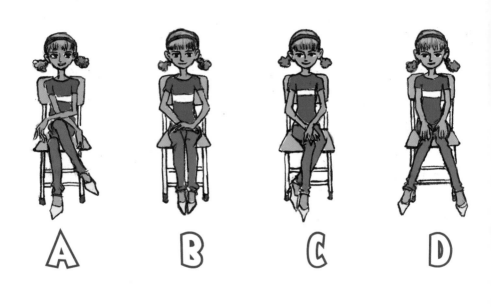

> ⦿【測一測】女人的坐姿自有情。

> ⦿【心理解析】男人的坐姿通常為率性而為之，而女人的坐相卻多半有「失真」的成分，是一種不真實的自我形象。簡單的舉例而言，如果一個女人覺得自己應該莊重一些，那麼她自然會把坐姿調整到莊重的範疇之內，雖然一開始有點累，久而久之，也就成了習慣性的動作。毫無疑問的是，她「失真」的動作，正是體現了她內心真實的想法——莊重。所以說，每個女人不經意間表現出來的肢體語言，都可以透露出她的個性。

❊ 選擇A

如果妳是個蹺左腳型的女子，個性中極富冒險精神，敢為人先，巾幗不讓鬚眉，工作上絕對一流；對於愛情妳積極、大膽的追求，感情專一，很容易獵取男人真愛。反之，如果妳是個蹺右腳型的女孩，則比較內向、保守，凡事考慮周全才能下決斷。妳端莊嫻淑，中規中矩，可謂是一個典型的傳統女性。妳渴求一份美滿的愛情，卻缺少抓住愛情的勇氣，只有異性主動向妳射出丘比特之神箭，妳才有可能墜入情網。

❊ 選擇B

妳自視甚高，無論在工作上還是愛情上，都有很高的要求。對於工作，妳不甘人後，竭盡所能做得比別人更好；對於未來的男友，妳要求他一定要有高雅出眾的談吐、卓爾不群的品行、相貌堂堂的儀表，若非一個真正優秀的男人，很難入妳的慧眼！不過，盡管妳聰明如斯，卻難免上那些裝腔作勢的「花花公子」的當，還是小心為上策！

❊ 選擇C

妳是個相當拘謹而含蓄的女孩子，社交場合中不免時常出現手足無措、張口結舌的窘態。妳的隨遇而安的性格，使妳常常滿足於現狀，在愛情中不會主動追求，只是靜待那個欣賞妳的王子出現。基本上，妳是個「嫁雞隨雞，嫁狗隨狗」的本分女子。特別提醒妳：戀愛時一定要睜大眼睛，別等嫁了之後才知道對方「不如雞」也「不如狗」，那時後悔可就晚了！

❊ 選擇D

妳是一位個性率直、沒有心機的女孩，心裡想什麼，嘴上就說什麼，容易給人造成不成熟的印象。對於愛情這兩個燙人的字眼，妳尚不知是何物。懵懵懂懂的妳，幾乎很少為情所困，也不會太在乎有沒有異性相伴。或許，你的異性哥兒們中早已有人暗中注意上妳了，正在耐心地等妳「長大」呢！

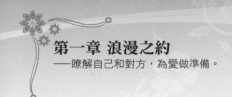
11.風波又起

　　你跟戀人吵架，剛分手幾天便又見面了，你正想試圖和她和好的時候，她卻不小心說溜了嘴，說自己已經有了新歡，這時，你第一個反應會是什麼呢？

A難過得想哭。

B氣呼呼的轉頭就走。

C罵她個狗血淋頭。

D質問新歡到底是誰。

E問她為什麼要這樣對你。

【**測一測**】你吸引異性的原因。

【**心理解析**】要讓別人瞭解你，首先要自己瞭解自己；要讓別人被你吸引，首先要知道自己吸引別人的武器。如此這般，才能運籌帷幄，戰無不勝，縱橫情場。如果你現在還不知道自己吸引異性的致命武器，就趕快去做個測驗。

✳ 選擇A

你看起來乖巧、單純又惹人憐愛，內心非常善良，一旦談戀愛就會抱著犧牲自己的心情，會以對方為主，因此在相處時常會忘了自己的存在，這樣全心全意的犧牲精神會讓對方很感動。

✳ 選擇B

你蠻有男人味，盡管有些大男人主義，還是會懂得欣賞對方優點，讓對方很感動。你一旦發覺對方的優點，就會適時地讚美，讓人覺得很開心。

✳ 選擇C

你炒飯功夫一流，對異性有致命的吸引力。你有很強的佔有欲，很想百分之百擁有對方，常常會用不停的炒飯來取悅對方，如果口碑做出去，會讓異性們非常心動。

✳ 選擇D

你很會賺錢，是一個人見人愛的提款機，平常在工作上就是企圖心十足，而且不喜歡輸的感覺，因此能在工作上贏得非常好的頭銜，賺錢能力非常好，是讓異性心動的有錢人。

✳ 選擇E

你比較傳統、認命、負責，讓人有安全感，對愛非常執著，當好不容易愛上一個人時，會將所有情感放在這個人身上，並且會計畫未來，因此也會非常認命，並且很會包容對方。

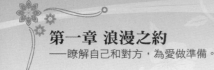
12.愚人節派對

　　在西方國家裡，每年4月1日的「愚人節」意味著一個人可以玩弄各種小把戲而不必承擔後果。叫一聲「愚人節玩笑」你的惡作劇就會被原諒。今天的愚人節，你們聚會的夜店提供了眾多展示陰謀詭計的機會，趁著夜黑風高，帶好道具和籌備多時的鬼點子上路吧！如果要妳好好捉弄一下妳的好朋友，妳會選擇以下哪一種方式呢？

A邀請朋友的老闆一起過，讓他防不勝防。

B找人妖和他大跳豔舞，驚爆人們的目光。

C跟對方來一段肉麻的愛情表白。

D假扮員警突然出現，向他出示一張能夠以假亂真的逮捕票。

E在他酒杯中加各種調味料，誘使他一飲而盡。

【測一測】 你的悶騷指數。

【心理解析】 悶騷是Man Show 的音譯，意譯為「男人秀」。悶騷不是貶義詞，它源自臺灣或者香港，屬於新興的俚語，其意思想表達說「心中極度渴望，可是在表面又很克制」，意思是故作深沉，不輕易流露自己的感情。眾所周知，性要求和性表現，即「騷」，是我們人類與生俱來、自然而然的本能，是無法壓制的。在這種本能和社會「角色要求」的衝突下，一些人只能無奈地選擇「悶騷」來應對。一個「悶」字就很形象地表達了這種「無奈」，這是本能和社會規則衝突下的產物，大概也是人類社會所特有的現象。「悶騷」的「悶」只是一種無奈的偽裝，是一個假面具。當脫離社會視線「監督」，置身一個確認安全的私人小天地時，就可以拋開「悶」這個假面具，讓「騷」的本能得到釋放。而且，「悶騷」的人「騷」起來時，往往會比一般人更強烈！原因很簡單，西方的一個哲人早就說過：「越是本能的東西，對它的壓迫越大，它反彈的力道就越大。」

✳ 選擇A

妳的悶騷指數為40%，妳偏重於悶，這樣的妳文靜典雅又在不經意間流露出一點俏皮，但有時過於矜持，往往會讓男生覺得高不可攀，如果妳能稍稍再放開一點，相信會更加吸引人。平常的妳表現得很矜持，可是一旦醉了，就會把埋藏已久的騷勁表露無遺，讓身邊的人大吃一驚。

✳ 選擇B

妳的悶騷指數55%，妳平常正直矜持，只有在另一半面前才會表現內心最不為人知的一面，才會發「騷」，例如撒嬌、小鳥依人等。

✳ 選擇C

妳的悶騷指數為80%，妳平常很害羞、很怕生，在陌生人面前彬彬有禮、很會裝乖，但只要混熟就會亂發「騷」。屬於那種只有在熟人面前才會表現出真我的一面，甚至搞笑發騷都無所謂的類型。

✳ 選擇D

妳的悶騷指數為20%，妳是個表裡如一的人，思想比較單純，要發騷也是明著發「騷」。如果妳尚未成年，那另當別論了。妳私底下和平時沒有什麼不同，即使發騷也不會去掩飾，個性自然大方。

✳ 選擇E

妳的悶騷指數為99%，妳外表看起來矜持到不行，其實無時無刻都在暗自「發騷」。不過妳會掌握得恰到好處，既不會過於沉悶，也免於過度風騷。時而純情的微笑，時而危險的眼神，既可端莊如聖女，又可嫵媚如尤物。現在的妳，要做的僅僅是在選擇恰當的時機展現妳截然不同的風情。

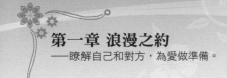

13.遲到的情人

一天，你和情人約會，你在咖啡屋等了兩個小時也不見他的蹤影，這時你會如何反應？

A 等到他來為止。

B 不停地打電話聯絡。

C 在桌子上留個紙條，說一刀兩斷。

D 實在是不耐煩了，轉身離去。

【測一測】 你是不是一個合格的戀人？

【心理解析】 愛一個人，要瞭解也要開解；要道歉也要道謝；要認錯也要改錯；要體貼也要體諒。愛一個人，是接受而不是忍受；是寬容而不是縱容；是支持而不是支配；是慰問而不是質問；是傾訴而不是控訴；是難忘而不是遺忘；是彼此交流而不是凡事交待；是為了對方默默的祈禱，而不是向對方諸多要求。 愛一個人，可以浪漫但不浪費，不要隨便牽手，更不要隨便放手。這樣才是一個合格的戀人，透過測驗，你就會知道！

✳ 選擇A

你通常對愛情抱持樂觀的態度和盲目的想法，很少去懷疑別人，更不會去懷疑自己的情人，任何事都會往好的方面想。不過，你做人還是有些死板，對情人的話雖然不是言聽計從，但是只要對方有所表示，你絕對會信任。你可以說是愛情的信仰者，相對的也很容易被人設計，被騙了都不知道。

✳ 選擇B

你屬於比較理性成熟的人，腦筋滿清醒的，等了兩個小時情人還不來，自己不會先下定論，而是心想情人或許是因為一些狀況而出事了。這說明你對自己的愛情很有信心，而且情感的穩定度極高，不會因為小事就和對方有摩擦。基本上，你屬於比較有條理型的人。

✳ 選擇C

在你的觀念中，時間也是一種很珍貴的資源，為了一個約會浪費兩個小時是很大的損失。另外，你的自尊心也比一般人強，白等了兩個小時，你會認為對方極其不尊重你，自己的尊嚴被污辱，是不能忍受的事，這說明你是以自我為中心的現實派情人。

✳ 選擇D

你是一個比較情緒化的情人，在戀愛的過程中，你在很多地方都表現得很不理智。你的愛情觀可能是屬於比較主觀和衝動型的，常常不考慮後果就付諸行動，而且腦中只有一種固定的思考模式，很容易被情緒帶動你的想法。不過，這種人雖然衝動，但如果生氣或情緒化的想法一下子就過去了，也不會翻舊帳，是屬於沒腦筋的情人。

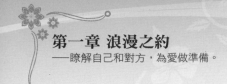
14. 誰對她的死負責？

故事很長，請耐心讀完——

非常有人氣的偶像派歌手埃斯莉，被人發現死在自家住宅的一角，法醫認為她是服用安眠藥自殺的。經過警方調查後，發現她死前曾和六個人通過電話。

和埃斯莉交往的人當中，有一個是她的親密男友叫約翰。他們原本就要舉行婚禮了，由於埃斯莉正處於錄製新專輯之際，因此婚期一延再延。那天，約翰想和埃斯莉協商婚期，希望說服她答應結婚之事。不巧，約翰碰上了最難堪的一幕，埃斯莉正和電視導播偷歡。憤怒的約翰大發雷霆之後，衝出公寓。

第二天清晨，約翰打電話來說：「埃斯莉，我跟妳之間完了！」並因此解除了婚約。埃斯莉聽後如晴天霹靂一般，絕望之餘，決定自殺。她鎖上了門，服用過量的安眠藥之後，靜靜地躺在床上。在失去意識之前她和約翰通了電話並告訴他自己的死因，她說：「我是愛你的，失去你我無法生活。為了愛，我以死謝罪！」說完之後就將話筒放下了。

由於對死的恐懼，她想打電話求救，但是叫救護車的話，記者和傳媒將聞風而來，演藝生涯可能會因此結束。衡量了一下，埃斯莉決定找那位導演幫忙。然而接電話的那一方，正和另外一位女演員打得火熱，導演回答說：「立刻過去是不可能的。」

求救被拒的埃斯莉又打電話給她前男友安迪。然而，安迪已經結婚，不願捲入這場是非，於是冷冷地掛掉了電話。這

時，埃斯莉的神智已經越來越不清楚了。

在昏迷之中，她又撥電話給學生時代的親密朋友安娜，安娜曾經是約翰的女朋友，由於埃斯莉橫刀奪愛，兩個人早已斷絕了關係。當電話接通時，安娜沒等到她把話說完就把電話掛了。

埃斯莉用顫抖的手撥了附近醫師的電話，命運之神好像有意要奪走她的生命似的，一連撥了好幾次，都沒人接。原來，醫師恰巧外出了。這時，埃斯莉的臉轉為蒼白，死神正在向她逼近，但她仍在做最後的掙扎。她用盡僅存的力量撥了一個陌生的號碼，尖叫著說：「我吃了許多安眠藥，我不想死！救救我吧！」對方回答道：「有沒有搞錯，這麼晚還打這種無聊的電話！」說完，無情地掛了電話。

於是，埃斯莉在絕望中失去意識了……

讀完這個故事後，你認為對於埃斯莉的死，誰應該負最大的責任？

A約翰。

B好色的導演。

C安迪。

D安娜。

E醫生。

F陌生人。

G自己本人。

【測一測】 你潛在的道德觀。

【心理解析】 這個題目是由德國的一名社會心理學者所設計的，故事中的人物分別代表著平常生活中的各種意識及道德觀。故事中的人物分別代表了不同的象徵：約翰象徵利己主義；導演象徵性愛；安迪象徵愛情；安娜象徵友情；醫生象徵金錢和欲望；陌生人象徵博愛主義；埃斯莉本人象徵自我。

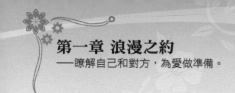

——瞭解自己和對方，為愛做準備。

⊙⊙ 看一看

✳ 選擇A

如果妳是女性，即使愛著對方，也不會用心去為對方著想，比較以自己為中心。當不好的事情發生時，總是將過錯歸咎給對方或是周圍的人。妳會先要求對方如何愛妳，而不會想到要怎樣從自己內心去喜歡對方。如果對方做錯了什麼，想到的一定全是對方的錯誤。總而言之，妳永遠是對的，錯誤全在對方。

如果你是男性，則屬於重視形式或道德的人，比較偏向於自己的內心世界，認為守護女性是男人理所當然的義務。但是由於太過重視自己的忠誠，容易給女性留下難以相處的印象。

✳ 選擇B

你是主張男女之間的交往應該保持安全距離的人。對於性有一定的自制力，生活比較嚴謹，非常討厭輕浮的人，也許有些潔癖也不一定。另一方面，你嫉妒心很強，對人也有些苛刻。如果已婚的話，會很重視有規律的生活，並專心為自己築起一個生活的空間。如果你未婚，多半是因相親而結婚。

✳ 選擇C

你是一個非常誠實的人，對於說過的事一定會盡力做到。有時，看似隨便說說卻能言出必行，令周圍的人刮目相看。你是一個理智、深沉的人，很少發怒，很少抱怨，也很少向別人表示你的感覺或反應。

✳ 選擇D

如果你是男性，那麼你對女性有說不出的不信賴感，和男性比較容易交朋友，對女性則無友情可言。也許你曾經受過傷害也說不定。

如果妳是女性，則對於友情及彼此的信賴非常重視，就算是不喜歡做的事，為了朋友也可以兩肋插刀，在所不辭，甚至犧牲自己也不皺一下眉頭，頗重義氣。

✳選擇E

對於事物的判斷，你十分現實，從中反映出你對當今社會的不滿，這個充滿金錢和權勢的世界，令你無法消受。還有一點，可能你對醫生有過不良的印象，而這個故事引發起你這樣的感覺；或者曾經被認識的人或朋友傷害過。

✳選擇F

就客觀情況而言，這是最不需要負責任的人，然而你卻認為這個人必須負最大責任，說明你是比較獨斷的人，對於事情的處理方法非常的自我，很可能會堅持己見而不願退讓，有認為自己的想法正確而要壓抑別人思想的危險性。你對人產生厭惡的原因很多，但多半是想到別人的錯而不會覺得是自己的錯。與人共事時，你比較會滿足自己的收穫，而很少考慮到給對方一些貢獻或方便。

✳選擇G

有什麼事情發生時，你會冷靜地考慮事情發生原因，並反省自己的過失。說明你比較成熟的人生觀和較強的道德感，認為快樂的同時也有著痛苦，不會無限制地表現自己的欲望。如果你是男性，會對女性有著嚴格的要求，對自己也絕不放鬆，不會做出對不起女方的事情。如果妳是女性，當妳愛一個男性時，會慎重地考慮其結果，且有較強的責任心而不會逃避責任。

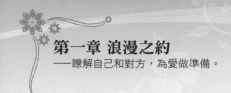

15.買雨傘

在上班的途中，突然遇到了大雨，妳急忙走入便利商店打算買一把雨傘應急。店裡一共有五款雨傘，妳會選購哪一款呢？

A普通的老式雨傘。
B折疊傘。
C上面有圓點圖案的。
D上面畫有奧運吉祥物的。
E造型獨特的。

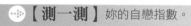

【測一測】妳的自戀指數。

【心理解析】美國心理學家科胡特認為自戀是人類的一種本質，每個人本質上都是自戀的。自戀是一種藉著勝任的經驗而產生的真正的自我價值感，是一種認為自己值得珍惜、保護的真實感覺。也就是說通常個體的自戀並不是不健康的，而且我們整個社會也是允許適度自戀的，只有個體過度自戀並超出了社會對自戀許可的範圍那才是不健康的。自戀性病態人格是人格障礙之一，其主要特徵是：強烈的自我表現欲；一貫自我評價過高，自以為才華出眾；極端的自我專注；好產生自我陶醉性的幻想；權欲傾向明顯，期待他人給予自己特殊的偏愛和關心；缺乏責任心，常用自負傲慢、花言巧語等態度來為自己的不負責任辯解。在面臨批評和挫折時，要嘛表現得很不屑一顧，要嘛表現出強烈的憤怒、羞愧或空虛；容易給人造成一種毫不在乎和玩世不恭的假象，事實上卻很在意別人的注意和稱讚；為了謀取個人利益不擇手段，只願享受，不想付出等等。希臘神話中有個男孩叫那格索斯，英俊挺拔，深得少女的傾慕，但是誰也無法獲得他的心。有一次，他來到山泉邊飲水，看到了自己在水中的倒影，便對自己產生了愛情。他終日在水邊徘徊發呆，當他忍不住撲向水中去擁抱自己的影子時，最終化做一株漂亮的水仙花。想知道妳迷戀自己的程度嗎？就來測驗一下妳的「水仙花情結」吧！

※ 選擇A

妳的自戀指數為100%，根本就是個超級自戀狂。妳認為自己是一個「只應天上有」的絕色美女，自戀程度簡直高得離譜。粗略估計一下，妳每天大概用9成的時間來欣賞自己的「絕世芳容」。愛自己愛到發狂的妳，很少顧及身邊人的感受，妳的最忠實的伴侶應該是一面能夠朝夕與你相伴的鏡子。

※ 選擇B

妳的自戀指數為85%，自戀程度是超乎常人的高。妳對自己的外貌、身材、氣質信心十足，從來不會浪費上天給的這些本錢，一有機會就向身邊的人頻頻放電。妳覺得自己的身材這麼正點，不好好利用豈不是暴殄天物？所以，妳會終日摸爬滾打於情場之上，以推銷自己、傾倒眾生為己任。

※ 選擇C

妳的自戀指數為60%，屬於孤芳自賞的林妹妹型。妳自視甚高，認為自己曲高和寡，所以一旦失戀就會抓狂。妳接受不了別人拋棄妳的事實，從此就會變得憤世嫉俗，對愛情不再抱任何幻想。

※ 選擇D

恭喜妳！屬於此類型的人，可以說是最正常不過的。妳的自戀指數雖然為45%，但這種心理反應每個人都會有，自戀的程度也能夠為人所接受。至於戀愛方面，由於妳懂得適度表現自己美的一面，自然而不做作，親和力十足並且敢愛敢恨，戀人和妳相處時覺得輕鬆自在沒有壓力，因此就算妳不是絕世美人，也同樣具有迷人的氣質。

※ 選擇E

妳的自戀指數接近0，自戀不足自卑有餘。妳有一定的自戀傾向，希望在別人面前有表現自己的機會，所以特別喜歡打扮，期盼能夠修飾自己的缺點，引人注目。其實，妳潛意識裡希望別人注意自己，就是缺乏自信心的一個突出表現。

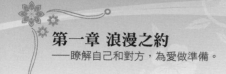
16. 醫院給你童年留下的記憶

當你很小的時候，一旦感冒或是發燒，爸爸媽媽都會急得團團轉。無論是白天黑夜，還是颱風下雨，都會在第一時間把你送到醫院，當時，給你留下印象最深刻的是什麼呢？

A 醫生手裡拿著聽診器，親切地說：「小朋友，把嘴張開，像我這樣，『啊！』」

B 護士對你溫柔地說：「乖，不要害怕！不會痛的。」

C 你依偎在媽媽的懷裡，不安地看著候診室裡那些看起來似乎很難過的病人。

【測一測】你有沒有「戀母情結」？

【心理解析】 戀母情結，又稱伊底帕斯情結（Oedipus complex），在精神分析中指以本能衝動力為核心的一種欲望。通俗地講是指男性的一種心理傾向，就是無論到什麼年紀，都總是服從和依戀母親，在心理上還沒有斷奶。所謂「情結」是指情感上的一種包袱。戀母情結傾向的有無，在戀愛關係上，與能否自主獨立息息相關。具有戀母情結的人，在決定自己的行動時，極容易受到母親的想法或行為舉止的影響，使其在戀愛的心理層面上，無法擺脫母親的影子。

看一看

✳ 選擇A的人

可以看出在潛意識裡具有戀父情節的傾向。從心理學的角度上說，醫生意味著值得信賴的人，換句話說，醫生就是父親的象徵。選擇這個選項的人，可以說是對父親仍具有一種依賴的心理。

✳ 選擇B的人

表明對和藹親切的護士有好感，對溫柔包容的女性印象深刻。當然，在這裡護士就是象徵母親的人物。因此，選B的人，可以說是具有戀母情結的傾向。

✳ 選擇C的人

首先想到的是候診室的病患，這些病患實際上就是自己本身的影像重疊。具體地說，該處隱含著「希望能夠早點接受診治」的心理。選擇C項的人，可以將其定位為「以自己本身的想法為主」的類型，就最終的目的而言，這種類型的人雖然也會受到父母的影響，但重視自己的判斷勝過一切。

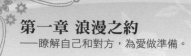
17.強盜打劫

你是趕路的客商，路遇強盜打劫，刀子架在你的脖子上，眼看你就要人頭落地，如果你想保命，會用怎樣的方式求救呢？

A用威脅的方式恐嚇對方——「如果你殺了我，你會後悔的！」

B用交易的方式來打動對方——「求您高抬貴手，如果放我一條生路，我會傾囊相贈！」

C用哀求的方式博取對方的同情——「我家上有老下有小，好漢饒命啊！」

【測一測】 你的潛質是什麼？

【心理解析】 生死存亡之際，你會用威脅戰術、交易戰術，還是用哀求戰術呢？在生死攸關的瞬間說的話和採取的行動能夠體現出一個人擁有的真正潛質。由此你可以知道你擁有什麼樣的才能和力量。

✳ 選擇A

你明白自己擁有的能力，如果你對自己的能力沒有自信，是不可能採取這種威脅對方會遭報應、使對方屈服的戰術的。事實上，你擁有挑戰困難、擺脫逆境的強大力量。你能成為一個動員眾人，給他們帶來影響力的人，這就是你的潛質。

✳ 選擇B

你是一個胸有成竹的人，擁有「只要做就一定可以成功」的積極樂觀的自信，所以你才大膽地採用「這麼做，對你也有好處」這種能勾起對方欲望和私心的交易戰術。你不甘示弱、執意進取，無論在哪個領域，都想出類拔萃。透過在腦海裡描繪自己的成功者形象來激勵自己，你可以把這種想法變為事實。你能成為一個讓人羨慕的人，這就是你的潛質。

✳ 選擇C

你感情細膩，能夠敏銳地感受到對方心情的變化，所以故意裝可憐，引起對方的惻隱之心來博取對方的同情。你可以從平常的事物或素材中，準確地發掘出打動別人、安慰別人的情感要素，你細心的關懷和照料，可能成為感動眾人的原動力。你能透過自己堅持不懈的努力來創造感動別人的東西，這就是你的潛質。

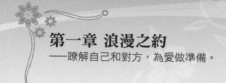
18. 小紅帽的草莓

　　童話故事裡的「小紅帽」，其實是一對雙胞胎，她們兩個人一起去探望奶奶，走在半路上卻發現忘記帶麵包和牛奶，於是妹妹返回家中去拿，而姊姊則留在森林裡採草莓。當妹妹回到森林時，望著姊姊採的一大堆草莓，不禁讚嘆地說：「哇！好棒耶！我從來沒有見過這麼多的草莓。」如果妳是姊姊的話，妳該如何回答？

A「如果換成是妳，也會採摘這麼多的。」

B「是啊！很不容易的！」

C「我費了好大的力氣才採這麼多。」

D「廢話！我是姊姊當然屬害。」

【測一測】 妳是不是一個強勢的「大女人」？

【心理解析】 一個丈夫的成功與否，與妻子的影響有極大的關係，而這個測驗所要揭示的，則是女性在與男性相處時，她究竟是屬於隱身於男性身後的類型，還是置身於男性之前的類型。美國女心理學家赫娜指出，比起男性來說，女性通常具有否定自己成功的傾向。從心理學上來說，就是所謂的「高度迴避成功的心理」，有這種心理的女性認為，當她們和男人擁有同樣的成功時，很可能就會破壞傳統的性別功能，使自己變為「男人婆」。所以，她們就會向男性示弱，以滿足男性的虛榮心。而另一些爭強好勝的女性，希望和男性平起平坐，甚至還想超越男性，成了男人們望而生畏的強勢「大女人」。

❋ 選擇A

妳迴避成功的心理非常的高,無論妳的丈夫有多大的成就,妳永遠也不會認為這裡也有妳一部分功勞。妳是一個隨遇而安的女性,通常只會隱身在丈夫的身後,默默地付出一切。要妳這種人霸道地去使喚他人,妳是無論如何也無法做到的,大女人和妳的性格完全背道而馳。

❋ 選擇B

妳迴避成功的意圖並不是那麼的強烈,為丈夫付出時,可能只會針對某一特定的方面。妳是一個極度明白事理的人,做事很有原則,相信任何人都會覺得妳隨和可愛,大女人和妳根本沾不上邊。

❋ 選擇C

妳是個絕對理性的人,在處理夫妻關係時同樣理性,具有認同成功的心理,基本上,妳具有大女人的一面,不過這種態度妳只會用在對付那些妳不在乎的人身上。

❋ 選擇D

妳的第一個反應居然是當面呵斥,真有性格!看起來妳絕對是個敢作敢當,有自信、有性格的現代女強人。在愛情世界裡,妳是個百分百的大女人,常常想支配妳的另一半。通常在面對丈夫的成就時,並不會隱身於丈夫身後,總是會積極地站出來,進行搶班奪權。身為妳的丈夫,大可以極度放心地退居二線,將內政、外交完全委任於妳。

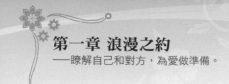

19. 借船過河

有個男人叫M，他要過河去和未婚妻F相會結婚，但兩人一河相隔，M必須要借船過河才能見到F，於是他開始四處找船。這時見一個女子L剛好有船，M跟L借，L遇到M後愛上了他，就問：「我愛上你了，你愛我嗎？」M說：「對不起，我有未婚妻，不能愛妳！」結果，L死也不肯把船借給M，她說：「你不愛我，我是不會借你的！」

M很沮喪，繼續找船，剛好見到一位叫S的女子，就向她借，S說：「我很喜歡你，你對我有沒有感覺無所謂，只要留下來陪我一晚，我就借給你！」M很為難，可是這個地方只有這兩艘船，為了能見到彼岸的未婚妻，他不得不同意了S的要求。第二天，S遵守承諾把船借給了M。

見到未婚妻F後，M一直良心不安，考慮了很久，終於決定把心中的秘密說了出來，F聽後非常傷心，覺得M不忠於自己，一氣之下分手了。

後來，M的生活裡出現了一位女子E，兩人開始戀愛了，但之前的事一直讓M耿耿於懷，最後他鼓足勇氣一五一十地把他和L、S、F之間的故事講了一遍。E聽了後，卻毫不介意。

故事講完了，問題也來了，請你把這幾個人由好到壞排列次序，M也計算在內，你會如何排列呢？

【測一測】 讓你的潛意識告訴你自己最想要的是什麼？

【心理解析】 不知道自己真正追求的是什麼，這是一個很普遍的問題。人們總感覺什麼都很重要，捨棄哪一方都不完美。每個人的人生追求確實差異很大，看別人追求事業，你很羨慕也想這樣，但不知道為什麼總是做不到；看別人婚姻幸福，你也很想，可是實現起來確實不容易，這和運氣也不是很有關係，而是你的需要決定了很多。一定有人看了這個答案覺得很失望，就這個呀？這能說明什麼呢？別看答案簡單，其實這裡面既包含你的價值觀，也預示著你的人生走向。

M——道德（Morality）。

L——愛情（Love）。

S——性（Sex）。

F——家庭（Family）。

E——事業或金錢（Enterprise / Money）。

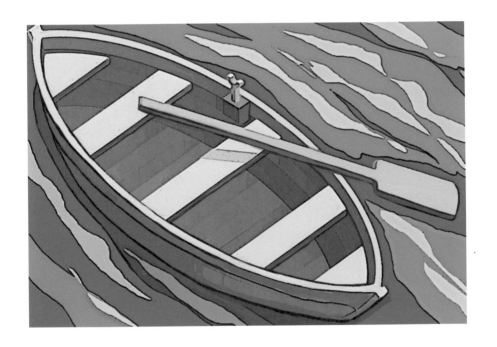

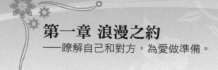
20.足下風情

　　有人説，要看出一個女人的品味，首先要看她的鞋子。那麼，你的她喜歡穿什麼樣的鞋子呢？

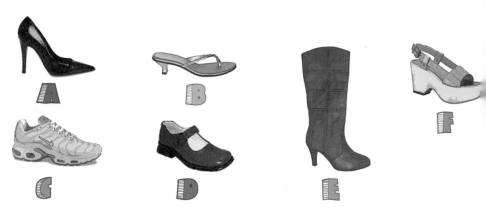

> **【測一測】** 鞋子蘊含女生有著怎樣的個性色彩、人格內涵及性格特徵？

> **【心理解析】** 鞋子是一個人的生活方式、生活品味的象徵，就連審美取向也會明顯地體現在所選擇的鞋子上，非常善於打扮自己和愛惜自己的女生往往都是特別鍾愛鞋子。鞋子無論是對於男女都有一定的象徵意義的。但是女性更容易關注自己的腳以及腳上的鞋，因此有意識裝飾的成分就更多，而男人則不是這樣。區別就在於腳部對男女的意義不太一樣。女性的腳和小腿往往帶有性的意味，男性會特別關注。實際上，喜歡穿什麼鞋子還能透露出女人的性格。

看一看

※ 選擇A

喜歡穿高跟鞋的女子，個性成熟大方，喜歡思考，頭腦聰明。在生活和工作上都十分努力，盡職盡責，對周圍的人、事、物要求會比較高，但是因為想要的東西太多，有

時會因為無法滿足而脾氣不佳。一般來說，這樣的女子比較適合坦誠相對，如果你想要追求她，就大方的對她好，關心她，如果她覺得你是一個值得交往的對象，通常她不會故意擺架子刁難你。

✳ 選擇B

喜歡穿涼鞋的女孩子對自己相當有自信，喜歡將自己最美好的一面表現出來。一般來說，她的人緣不錯，身邊的朋友也不少，對異性很有興趣。不過她的個性頗為固執，不容易說服，有時候會對男友要求較多，希望與自己達成一致。如果你想當她的男友，需要有耐心多包容對方一些。

✳ 選擇C

喜歡穿運動及休閒鞋的女性，表面上看來很容易相處，其實她的警覺心很強，非常會保護自己。從表面看，她很容易和男生打成一片，如果對於心裡喜歡的那一位，反而會保持距離敬而遠之。通常朋友很難看出她的心事，在堅強的防衛之下，她的情感非常脆弱。

✳ 選擇D

喜歡穿造型簡單、學生樣式鞋子的女子，個性單純敏感，家教嚴謹，容易壓抑自己的情感。一般而言，此類型的女子平時言行比較內斂，但內心充滿了反叛，想嘗試一些冒險的經歷，要提防在旅行時受騙。

✳ 選擇E

此類型的女性個性獨立，愛好自由，不喜歡受拘束，勇於表現自己。一般來說，這種女子不是外表出眾，就是相當聰明有能力，容易成為異性傾慕的對象。雖然看起來好像不難親近，但是要成為她的男友，必須具有某種才華，並且瞭解她，才能贏得她的芳心。

✳ 選擇F

她注意時尚並且追逐流行，喜歡成為大家注目的焦點，外表看來作風大膽，其實內心相當保守。她內心有些沒自信，所以才會成為流行的一分子，希望讓人注意到她的存在。想要追求她的人，必須善於發現她的優點，給予鼓勵，讓她更加有自信。

21. 頭髮隱含的意義 (1)

（1）觀察一下你自己或者是另一半的頭髮，你會發現許多秘密，不信請試試看！

A頭髮粗直、硬度高。

B頭髮濃密而且很黑。

C頭髮自然捲。

D頭髮稀少，並且髮質很細。

E頭髮稍禿。

（2）注重形象的人通常也很看重髮型，因為頭髮是人體一個很重要的部分，關係著人的整體形象。當然對於經常從事公共活動的人來說，保持一個得體的髮型更是必不可少的。

F頭髮總是梳理得很齊整光亮。

G頭髮自然隨意，沒有明顯的梳理。

H經常留短髮。

I喜歡趕時髦，留時尚髮型。

【測一測】 頭髮與性格的神秘關係。

【心理解析】 從生理心理學角度看，頭髮與性格有密切關係。一位美國學者分析認為：頭髮平滑細軟的人，性格多半溫柔；頭髮粗硬直挺的人，大多個性剛直，情緒較穩定；頭髮濃黑有光亮的人，通常感情豐富；頭髮灰黃的人，感情略淡薄；頭髮較密的人，活潑而健康；天然捲髮的人，性格多不穩定，勇氣不足。頭髮做為身體的一部分多多少少會透露人的一些內在資訊；頭髮是人體最為重要的裝飾品，從中可以看出人的性格趨向。

看一看

※ 選擇A的人

為人不拘小節，性格豪爽，行俠仗義，對朋友總是以其當先，光明磊落，不會玩弄小聰明，並且是很好的患難之交。

※ 選擇B的人

做事情有條理，很有智慧，懂得發揮自己的長處，有理想、有抱負，是典型的事業型人才。

※ 擇C的人

這種人通常都很有個性，喜歡表現自己，常常給別人帶來意想不到的驚喜。

※ 選擇D的人

這種人心機很重，會打算，算計事情一絲不苟，喜歡把事情算得很仔細，缺乏氣概和寬容心。

※ 選擇E的人

做事情很勤奮，對待工作認真，對自己本分內的事情具有很強的責任感。

※ 選擇F的人

這種人很注重外在形象，甚至有點虛榮愛面子，對事物也比較挑剔，喜歡吹毛求疵；有點完美主義傾向。

※ 選擇G的人

這種人對外表的東西不看重，喜歡內在的收穫，很多人都是工作狂，拼命工作，希望獲得上司的認可。

※ 選擇H

這種人做事情乾脆直接，有些人可能會比較驕傲，常會滿足於自己的現狀；有些人看重自己的感受，以自我為中心。

※ 選擇I的人

注重情調，喜歡別人的誇獎和表揚，總是想趕在事物的前面，年輕人表現得很前衛；中年人則很有活力，喜歡和別人溝通，有著處理人際關係的良好技巧。

22.頭髮隱含的意義 (2)

男士們！對著鏡子看看自己的頭髮，它與下面那種情況十分類似呢？

【測一測】髮型會告訴你他是怎樣的人。

【心理解析】頭髮又稱「煩惱絲」，外觀尤其重要，可惜不少人未到中年，已深受掉髮的困擾，其中以男士尤甚。所謂相由心生，頭髮與性格在相學上有微妙的關係，以下的分析或含義許可以助你參透一二。

❋ 選擇A　抗拒束縛。

擁有此髮型的人，做事夠獨立，又富創意，容易得到上司的垂青。額角髮線高，代表熱愛自由，怕受束縛，一有錢就會想到周遊列國，以激發創意。不過，此髮型的人卻不善理財，加上為人比較揮霍，存錢方面有點困難。

❋ 選擇B　愛動腦筋。

髮線高的人，大都比較聰明能幹，而髮線退得愈後，則表示為人愈重現實，懂得精打細算，不會是遊手好閒之輩，可以說是工作型，其中又以生意人、行政人員居多。髮線後退是指整體髮線後移令前額升高，如果二、三十歲的壯年已經遇到此問題，一方面是提早老化的現象；另一方面則反映其人用腦過度。

❋ 選擇C　神經刀客。

頭髮稀疏的成因不是逐漸脫落，而是天生疏落的人，表示先天營養不良，或身體出現了嚴重的毛病。頭髮稀疏的朋友，為人十分神經質，即使芝麻蒜皮的小事，都會擔心受怕，可謂船頭驚鬼船尾驚賊，為身邊人造成壓力之餘，還會有強迫症。

❋ 選擇D　清心寡欲。

為人清心寡欲，對甚麼都滿不在乎，不會為衣、食、住、行而煩惱。雙鬢稀薄的人，大多深具學問、富有修養，有時還很詩情畫意。由於本身欲求不多，少為外物所牽制，加上與世無爭的性格，所以生活悠然自得。

❋ 選擇E　粗枝大葉。

出現此情況表示飲食習慣不正常，平時沒有注重養生的方法，所以健康頗差，很容易生病。地中海的朋友，天生較為固執，有點牛脾氣，加上粗枝大葉，做事有欠周詳，以致流於僵化的境地。

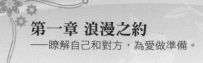
23. 復仇的機會

復仇女神厄里倪厄斯給了你一個機會，只見她一揮手，就把你帶到了你生平最恨的人家裡。仇人正好不在家，你可以隨意搗毀這裡的東西，請問，你會最先選擇破壞哪種物品呢？

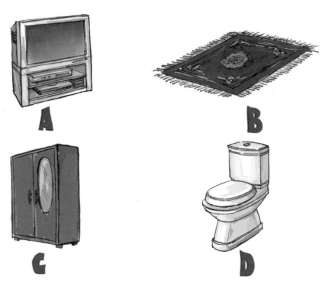

> **【測一測】** 你是否變態？

> **【心理解析】** 通常，人們總是把在群體中出現頻率高的心理現象稱為常態，反之則稱為變態。變態心理又稱異常心理，有人也稱病理心理，是指人們的心理活動，包括思想、情感、行為、態度、個性等方面產生了變態或者接近變態。據世界衛生組織估計，同一時期，在外表正常的人中，幾乎20%～30%的人，有不同程度的心理異常。如此說來，違反常態就是變態。那麼，什麼是常態呢？只能仁者見仁了。每一個個體都有自己的獨特性，這種獨特性很有可能在別人眼裡就是變態。變態與否，自己喜歡就好，但不要傷害了別人，污染了社會。下面的問題是：你變態嗎？有人說你變態嗎？你覺得自己變態嗎？回答不出來的話，就來測測看！

✷ 選擇A

值得慶祝！你是做完這個測驗後最為正常的一個人。相信你變態的機率是非常低的，不會危害人類。在性愛方面，就算喜歡的人在你面前，你也能維持一貫的態度，樹立健康的形象。

✷ 選擇B

在被仇恨沖昏了頭的時候，你會變成一個不折不扣的瘋子，對仇人絕不留情，殺之而後快。在性愛方面，你已經是一個標準的變態人士了，平常在外和常人無異，但一回到家，卻買了許多情趣商品擺在家裡，每天還玩得不亦樂乎，小心別玩過頭了。

✷ 選擇C

恭喜閣下，你已經完全達到了神的境界，世間已經沒有任何合適的語詞能修飾、形容你了。你的腦筋轉得非常快，總能做出讓人大吃一驚的事。在性愛方面，你是不是看到鞭子或蠟燭之類的東西會感到特別的興奮？對你只能建議，SM沒什麼，但要注意安全。

✷ 選擇D

你是個搞怪高手，除了偶爾舉止異常、思維另類外，基本上不會造成危害。許多人都會願意和你這種半瘋的人在一起，尋找生活的樂趣。在性愛方面，你會嘗試一些另類的遊戲，不過無傷大雅。

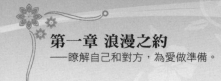
24. 遙控器失靈時

對於小女生來說，假日裡最舒服的事莫過於手裡拿著零食，窩在沙發上看電視。如果在妳準備轉臺看妳喜歡的電視節目時，遙控器突然失靈了，妳會怎麼做呢？

A敲敲遙控器看看。

B更換遙控器裡面的電池。

C乾脆不用遙控器，用手去按電視機上的按鍵。

D打電話給電器行，請人維修。

【測一測】妳的女皇傾向。

【心理解析】對妳而言，那個用遙控器來操縱的電視就代表著妳的另一半。透過在遙控器失靈時妳所採取的行動中，可以知道妳是不是那種習慣支配別人的女性。

✳ 選擇A

妳是一個十分任性的人,對妳的男朋友總是呼來喝去。妳認為對方喜歡妳,就應該理所當然地聽妳的話。如果對方有一點不順妳的心意,妳就會立刻吵得天翻地覆。妳是個極有主見也挺專制的戀愛導演,對於愛情,充滿了浪漫的期待。腦海中不知道儲存了多少從書上或是影視作品中獲取的戀愛畫面,既然妳早已把愛情的藍圖規劃好了,自然會要求對方照著妳的意思來演繹。如果對方表現不好,很可能被妳踢出局。

✳ 選擇B

妳很溫和體貼,總是先考慮到戀人的感受,絕不會去指使、命令妳真正喜歡的男性。所以妳常常將自己的想法藏起來,等到瞭解對方的想法後,再去尋求平衡點。但是遇到特別能包容妳的男性時,妳就會或多或少地表現出女皇的傾向。

✳ 選擇C

妳不是那種會對男人下命令的人,就因為這種保守的性格,那種不會對人下命令的男士,也得不到妳的歡心。妳這種受虐的傾向,很容易讓男生得意忘形。

✳ 選擇D

妳是個有合理思考邏輯的人,也可以說是個策略家。表面看起來妳很開通,給予兩人很大的空間,不會干預對方的生活。實際上,妳從來都沒有放棄過掌控全局的努力,只是這種支配戀人的野心,用糖衣包裝起來,很難讓人發覺罷了。

25.「艾蕾拉」公主的情思

　　位於北方的勒斯里王國，那一年的冬季很特別，全國上下都籠罩在一股歡愉喜悅的氣氛之中。人民喜悅的原因很簡單，他們景仰的「艾蕾拉」公主很快就要結婚了。這一天，公主覺得很寂寞，就來到花園散心，她坐在葡萄架下，心裡想著英俊的王子，眼睛靜靜地凝視著一種小動物。憑你的直覺，你認為這種小動物會是什麼呢？

　　【測一測】你喜歡「柏拉圖」式的愛情嗎？

　　【心理解析】所謂柏拉圖式的愛情，是以西方哲學家柏拉圖命名的一種精神戀愛，它追求心靈溝通，排斥肉欲。柏拉圖堅信「真正」的愛情是一種持之以恆的情感，而唯有時間才是愛情的試金石，唯有超凡脫俗的愛，才能經得起時間的考驗。柏拉圖的愛情只是站在情人的身邊默默的付出，靜靜的守候，不奢望走進，也不祈求擁有。即使知道根本不會有結果，卻依然執迷不悔。也就是這種不求回報的偉大註定了它悲劇的結局。最後，也只能是一條在遠處守候的平行線，只留下回憶中美好的片段當做永恆。這恐怕是世界上最高尚、最美麗的愛情，也是「柏拉圖的永恆」要向我們傳遞的精神。

✳ 選擇A

你是一位害怕寂寞的人，性在你的生活中佔據著很重要的地位。你喜歡裸體躺在你的情人懷裡，接受他溫柔的擁抱、愛撫和戲弄，至於要不要「真槍實彈」的進行一次肉搏戰，就顯得不是那麼重要了。

✳ 選擇B

不管事實上你敢不敢做，都說明你是一個把「性」當做是享樂工具的人。你很喜歡新鮮感，也不希望被人限制性行為。在你的觀念裡，只要彼此喜歡，就可以用性愛的方式拉近彼此的距離。你是自由派的性愛者，屬於性觀念不設防的人，對你而言，沒有性關係的戀愛，簡直是不可思議。

✳ 選擇C

你十分注重雙方精神上的交流，認為喜歡一個人不一定非要發生肉體關係。在你的觀念中，性雖然是人生的樂趣，不過這種樂趣是要建立在彼此的情意相投，才會有的樂趣，「性」對你來講，是精神和肉體的結合，你是沒辦法為了肉慾而去做愛的。

✳ 選擇D

你憧憬著羅曼蒂克式的愛情，幾乎從來沒有考慮到性的因素。也就是說，你認為精神上的愛，完全不需要以性來維繫。由此可見，你是「柏拉圖式愛情」最忠實的信徒。

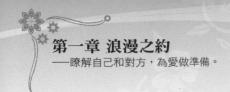
26.吃套餐

　　每當工作到中午的時候，大家的肚子早已餓得咕咕叫了。妳來到餐廳，點了一份套餐，當套餐上來之後，妳會先從哪一部分開始吃呢？

A紫菜湯。

B生菜沙拉。

C醃小黃瓜。

D牛排。

E米飯。

　　【**測一測**】妳的戀愛技巧和手腕。

　　【**心理解析**】性欲和食欲都是人類的本能，是生理需求的一部分。這兩種欲望在心理學上有共通性，吃的方法及過程，就是妳對性的接觸模式的投影。這個測驗就是藉由性欲和食欲的相關性，來推測出妳潛在的戀愛技巧和手腕。

看一看

✳ 選擇A

妳是一個天生的戀愛專家，無論什麼型態的戀愛，都在妳的掌控之中。妳深諳男性的心理，時而熱情似火，時而冷若冰霜，男人壓根兒也逃不出妳的手掌心。

✳ 選擇B

妳平時在玩樂的時候，很能抓住男人的心。可是真正遇到讓妳愛得發狂的王子時，妳就會突然變得既緊張又笨拙，還常常會詞不達意。這或許也可以說是妳最可愛的地方！

✳ 選擇C

妳是一個十分有計畫的人，即使是談戀愛也不例外。對於妳來說，與其積極地去追求、表白，還不如慢慢地計畫，讓他自動上鉤。如果一切都順利的話，這樣做也未嘗不可。但是人是有思考能力的，不可能總是按照妳的計畫行事，所以妳也因此時常把自己弄得很累，結果還往往令妳失望。

✳ 選擇D

妳根本沒有戀愛技巧可言，一旦遇到心儀的對象，就會立刻發動愛情攻勢。妳的眼光準，嗅覺靈敏，好男孩是不會被妳給遺漏的。只要被妳盯上了，妳就會立刻表白。這種飛蛾撲火般的作法，往往使妳很難如願。還好妳是一個很樂觀的人，即使被拒絕了，也不過是傷心一兩天，又開始搜尋下一個獵物了。

✳ 選擇E

很遺憾地告訴妳，妳不會戀愛，更不用說戀愛技巧了。妳即使愛上一個人，也不會採取行動，只會將他放在心坎裡。偶爾想一想，就足夠使妳感到幸福的了。妳應該尋找一個懂得欣賞、喜愛妳長處的善良的男士，大膽表白愛意，圓滿的大結局才有可能上演。

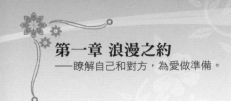
27.神奇的法術

　　山東濱海有一座著名的嶗山，層巒疊嶂，林木蔥籠。據說，在那白雲繚繞的嶗山峰頂，居住著一位有道行的仙人。一天，你慕名來到這裡，希望道長傳授你一些法術，道長有四種絕技，你最想學習哪一種呢？

A能以一身分出幾身、幾十身，乃至千百身的分身術。

B能夠隱介藏形的隱身術。

C被稱作「攝魂大法」的催眠術。

D能測算出你的內心感應的讀心術。

🔘【測一測】你是合格的愛情操盤手嗎？

🔘【心理解析】人們在戀愛時往往挑三挑四，選對象如「選股」；這個時候最考驗人，如果選到能成為「潛力股」的「黑馬」，便可以穩穩當當地「賺錢」、「發財」；如果不慎選到「垃圾股」，則只好被「套牢」。在情場上，總有一些高手能輕易地操控情路的去向，而另一部分人卻因為不瞭解「行情」，使兩個人的關係徹底「崩盤」，不可挽回。下面的測驗就是檢驗你駕馭愛情的能力，一起來看結果吧！

✳ 選擇A

你是一個相對獨立的人，對於愛情，你喜歡玩劈腿的遊戲。你既可以同時周旋於幾個人中間，也可以一個人單獨的過上一陣子。如果和其中的一個人發生了衝突，你就會到另一個人身上去尋找慰藉。你希望生活面面俱到，又想擁有獨立的自我，總有分身乏術的時候，小心你的愛情崩盤哦！

✳ 選擇B

你對愛情有強烈自卑感，逃避是你遇到挫折時第一個想到的念頭。你十分依戀你的另一半，愛情對你來說，就是你生命的全部。為了永遠留住對方的心，你表現得像個奴僕，絕對服從對方，無怨無悔。正是這種卑下的態度，讓你的愛情坎坷不定。其實，能真正給你愛的勇氣，是你自己。希望你勇敢突破自我禁錮的牢籠，真正主宰自己的命運！

✳ 選擇C

你在外表上表現得很強勢，無論是在愛情還是在生活中總是試圖控制整個局面。在談戀愛的過程中，你自以為高人一等，一開始就把自己定位在主宰者的地位上，本以為愛情全在你的掌控之中，可是突發的事件總讓你手足無措。心理學家建議：盡量用「我有點不滿」或者「我希望」代替「必須……」，時刻提醒自己對他人為你所做的事情說聲「謝謝」，即使是微不足道的小事。

✳ 選擇D

世上雖然沒有十全十美的人，但是在談情說愛方面，你絕對是優秀的操盤手。你的秘訣其實很簡單：擁有獨立的自我意識，懂得適可而止。你是一個善解人意的人，如果對方敬你一尺的話，你會回敬一丈，你懂得如何對待異性的缺點而又不會傷害到對方。

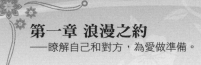
28. 落花滿身

在一次探險中，你來到了一個鳥語花香的河谷，這裡真可稱得上是一處世外桃源。河流兩岸是大片桃花林，只見一片片的桃花隨風飄落，墜落的花瓣落了你一身。此時此刻，你會想些什麼呢？

A「掉得滿身都是，可真是麻煩！」

B「多美麗的花啊！就這樣凋謝了，真是可惜。」

C「花落下來的樣子真好看，就像漫天飄舞的雪花。」

D「花落得愈多愈好！」

【測一測】你會不會用情不專。

【心理解析】一份調查報告指出，人與人之間的愛情保鮮度，最長只有五年，之後兩個人之間的愛情就不再有激情，而屬於習慣性愛情。所以見異思遷也是正常的事，因為那是人的本性，沒有滿足的時候，總希望可以得到最好的。但是真正的愛情也許一輩子就有一次，千萬不要指望明天會有更好的，還是要學會珍惜眼前的人才對。花朵盛開時雖然嬌豔動人，但是凋零後便隨風而逝，彷彿無常的人生一樣。透過這個測驗，可以知道你對美麗似花的愛情，容不容易見異思遷。

✳ 選擇A

你真是稀有動物，應該立法受到保護！你比楊過還要癡情，比柳下惠還要正經。如果妳是孟姜女的話，萬里長城都得被妳哭得所剩無幾。你的花心程度基本上等於零，簡直可以說是世上最專情的人。在你眼裡，拈花惹草、紅杏出牆的行為根本就是一種犯罪，所以你絕不會越雷池半步。

✳ 選擇B

你是個花心大蘿蔔，出軌是家常便飯。移情別戀對你來說乃是天經地義的事，而且也不會有什麼罪惡感。你會很容易把自己融入感情中，也會很容易分手，不過你對舊情仍舊會有無限的眷戀。

✳ 選擇C

你雖然渴望享受短暫的激情，卻不敢付出於行動。這並不是你的罪惡感在作祟，而是你太膽小沒有勇氣這麼做，是標準的「只敢看不敢吃」的人，你真是讓人同情！

✳ 選擇D

你把愛情當成了遊戲，希望跟不同的人談戀愛。你經常是吃著嘴裡的，看著碗裡的，想著鍋裡的。抱著先找一個，然後再換另一個更好的想法，一旦發現「新大陸」， 你二話不說，立即跳走，絲毫不考慮對方的感受。當你的情人，實在是倒楣透頂！

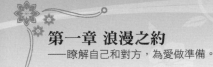
29. 日用家具

　　能擁有一間自己的住屋實在是令人興奮的事，不過也幾乎把你所有的積蓄都榨光了。你口袋裡的錢所剩無幾，只能買一件生活日用品，在這種情況下，你會選擇購買哪一種呢？

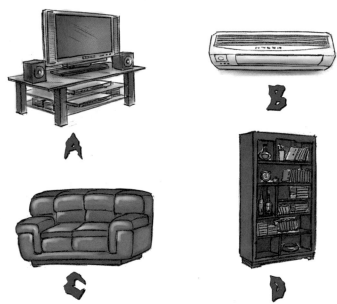

◉ 【測一測】 你容易一見鍾情嗎？

◉ 【心理解析】 一見鍾情的愛情是一種難度係數最大的愛情模式，從精神分析的角度來説，「一見鍾情」必須具備兩大因素方能成立。一是，對自己的心理與生理具有某種程度自信的人，當他遇到與自己具有相同特質的異性時，他的心立刻就會被對方深深地吸引。二是，覺得自己的某些方面有待改進的人，當見到擁有自己所欠缺的優點的異性時，就會被打動。這項測驗主要是為了瞭解你是否容易迸出一見鍾情的火花。

✳ 選擇A

你到處放電，對周圍的異性保持著濃厚的興趣，甚至只要對方表白你就會立刻答應。陌生人姣好的面容、挺拔的身材、優雅的談吐，一舉一動都會讓你心中的小鹿四處亂撞。只不過新鮮感一旦消失，你就會毫不猶豫地轉移目標。

✳ 選擇B

你的個性自然率真，沒有心機，喜歡跟著感覺走。如果遇到心儀的異性，你就會情不自禁地愛上對方。你喜歡那種純粹感官的感覺，但是有點遺憾的是，你被電到的機會不是很多，也許是這樣，你才會格外珍惜這些機會。

✳ 選擇C

你渴望一見鍾情的感覺，遇見你的靈魂伴侶時，就會有電光火石交彙的感受。你看到喜歡的異性雖然會心動，但只會保持觀望態度，因為你相信，細水長流的愛情才能夠長長久久。

選擇D

你對愛情保持著理智的追求，不太相信什麼前世註定，認為那不過是成年人的童話而已。對你來說，僅僅憑著第一印象就瘋狂愛上一個人，是一件超冒險的事情。再加上你喜歡的類型是滿固定的，所以一般異性很難讓你心動。

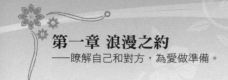
30.冰箱中急於填充的食品

　　星期天的早晨，妳準備去超市購物。平時妳的工作很忙，必須在這一天購買足夠一個星期消費的食品。在上街購物之前，妳首先打開冰箱，確認一下哪種食物不足。下面有四類食品，妳認為哪一類是最需要購買的？

　　A蔬菜類。

　　B肉類。

　　C點心類。

　　D飲料類。

【**測一測**】妳招蜂引蝶的願望程度。

【**心理解析**】對食物的需求程度和性欲有極密切的關係。在這個測驗中，冰箱裡急於填充的食品，就代表妳在性生活上感覺不滿的部分。妳不滿的程度越高，潛在的招蜂引蝶的欲望也就越高。

✳ 選擇A

蔬菜是知性的象徵。說明妳對目前的他，在學識和修養方面不甚滿意。如果妳遇到氣質優雅、談吐不凡的男性時，心中便會蠢蠢欲動。本質上，妳並不是愛招蜂引蝶的人，之所以會紅杏出牆，往往是被對方引誘所造成的。

✳ 選擇B

為什麼出家人要吃素呢？為的是清心寡欲嘛！這正說明肉類是肉欲的象徵，也就是妳對他在性生活上的表現不滿意。由於欲望得不到滿足，妳的內心之中常常會浮現出軌的念頭。也許妳並沒有留意到這種情況，但是這種想法在妳的潛意識裡始終存在。

✳ 選擇C

妳認為出軌就像點心般，是再平常不過的事，所以，不論是自動送上門的，還是自己看上的，妳常常會來者不拒。妳雖然很看重性夥伴的外表，但實際上妳真心對待的依舊是妳的伴侶。對於妳，與其說有招蜂引蝶的願望，不如說出軌也是妳認為在感情當中理所當然的一部分。

✳ 選擇D

從廣義上而言，飲料類的食品表示對愛情的渴望。妳基本上不是一個熱衷於招蜂引蝶的人，如果妳有了男朋友，即使遇到令妳十分欣賞的人，他也不會成為妳出軌的對象。妳會將現有的這段戀情，轉變成一段真正有充實內涵的戀情。

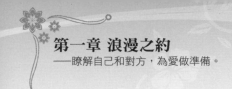
31.魔法在午夜消失

在格林童話中，一到午夜十二點，灰姑娘的魔法就會消失。但那是外國童話的説法，如果把灰姑娘放在臺灣的話，則會涉及到時差的問題。那麼請問，如果灰姑娘是在臺北的某個酒店參加舞會，她的魔法將會在幾點消失呢？

A仍舊是午夜十二點。

B早上六點。

C因為不知道兩地的時差，所以根本無法判斷。

許多人都有過一個時期，和異性交往或多或少都有些緊張，隨著年齡的增長，與異性交往增多，這種緊張感才會慢慢淡去甚至消失。無論如何，想要成就戀愛的第一步，首先要突破與對方在心理上的壁壘或隔閡，這樣戀愛才有可能進行下去。

看一看

※ 選擇A

能夠毫不困難地融入到故事情節當中，把自己視為故事的主角，是善於描繪夢境的人。具備這樣性格的你，對異性有很大的吸引力。在異性的眼中，你有一種獨特的魅力。你不僅有美麗的外表，還具有幽默和大方的個性，而且深諳與人相處之道。無論就心理還是現實而言，都不會造成與異性之間的隔閡。所以，你是屬於那種能夠坦率自然地接近異性的類型。

※ 選擇B

可以說是對異性抱有警覺心的人，在與異性交往時，會產生一種不安的情緒，通常會選擇逃避。由於對異性有過分強烈的疑心病，進而導致自己難以與異性接近。

※ 選擇C

是一個拘泥於形式的人，由於考慮的問題過於實際，常常會使自己變成一個沒有夢想的人。而且，講得稍微難聽一點的話，你這種類型的人稍不注意，就會招致被異性討厭的危險。具備這種性格的人，凡事都要一板一眼、正經八百地去思考衡量。這樣一來，對於與異性接觸或者是談戀愛，由於自己本身刻意保持著不必要的距離，往往很難與異性順利溝通下去。

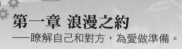

32.轉世投胎

據說，陰間的鬼魂在投胎之前都要在孟婆那裡喝一碗湯，這碗湯能令他忘卻前生，轉世投胎。這個神話千百年來被無數人深信不疑，多少個在陽間飽受苦難的靈魂，毫不猶豫地將那碗湯一飲而盡，為的是迎接一個嶄新的人生。真的有前世今生嗎？如果上天給你再來一次的機會，你希望來生變成什麼樣的人呢？

A揮金如土、一擲千金的富翁。

B雖然貧窮，但義薄雲天，如果朋友有難，
不惜變賣自己珍愛的東西來想辦法的人。

C極為平凡的普通人。

【測一測】你對戀愛的應對模式。

【心理解析】對於戀愛的想法和態度，因人而異。有的人渴望純潔的愛情，所以對待感情十分認真，百分百地付出；有的人卻抱著一種遊戲的態度，一味地追求自己的喜好，絲毫不顧及戀人的感受。透過對本問題的解答，可以探知在你內心當中對於戀愛的應對模式是「認真派」、「現實派」，還是「遊戲派」。

✦ 看一看

✳ 選擇A

屬於「遊戲派」的類型，強烈傾向於「依追求自我欲求而行動」。從心理學上來說，屬於「無我的性格」。你在這個「無我」的世界中，受快樂原理的支配，對於戀愛也是憑個人的想法而行動。在日常生活中，你對異性充滿了興趣，常常主動搭訕，熱情而開放。同時，你信奉快樂至上的原則，一味地追求自己的歡樂，絲毫不顧及別人的感受。

✳ 選擇B

一言以蔽之，屬於「認真派」的類型，做任何事都會「依據良心和道德感而行動」。你具有「超自我」的性格，內心是一個秉持著理想主義為宗旨的世界。即使是談戀愛，也會秉持著倫理觀念進行自我控制，經常是傾向於本著良心來行事的。盡管你的腦海中幻想著各式各樣的愛情畫面，但現實生活中你覺得只要和對方講幾句話就滿足了，甚至連KISS你都會感到良心不安。你絕不會冒險去和萍水相逢的人談戀愛，在面對愛情的時候，家庭給你的影響很大，你是一個容易受束縛不敢敞開心胸去追求愛情的人，一旦談起戀愛，也可能因為你太多的顧慮而談得很辛苦。

✳ 選擇C

對待愛情十分理智，行事的方式常常是「按自己原本的性格而行動」。在心理學上，可以歸類於「自我」的性格，受現實原理的支配。具體地說，此類型的人在戀愛時，往往會根據現實的情況來適度地調整自己的感情，屬於典型的「現實派」。換言之，此類型的人既不會像「無我」般我行我素，也不會像「超自我」那樣苦於受良心的苛責。

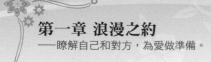
33. 小鳥是如何死的？

非洲地區生活著一種有趣的小鳥，牠全身長滿五顏六色的羽毛，宛如一朵盛開的花兒，當地人稱之為「花鳥」。花鳥有唯妙唯肖的模仿特技，牠停留在樹枝上，搖身一變，張開一對翅膀像美麗的「花瓣」，把頭縮在其中當花「蕊」，十分逼真。有一天，非洲客人把一隻可愛的「花鳥」送給了你，你愛不釋手，把牠當作自己最珍愛的朋友，可是這隻給你帶來無盡快樂的小鳥卻不幸死了，你認為是什麼原因導致牠死亡的呢？

A忘了餵食，把小鳥餓死了。

B生病死了。

C從你的手中逃脫，卻不幸成了野貓的美餐。

D壽終正寢。

【測一測】你對交往的對象哪個方面不滿意。

【心理解析】沒有人是十全十美的，人與人相處難免會產生一些衝突和摩擦。即使衝突沒有公開化，對對方的不滿也會潛藏在內心深處，並逐漸地明顯成形。如果處理不當的話，會使問題變得越來越嚴重。因此，請你將本測驗的結果運用在你個人的情況下，並加以活用。

✳ 選擇A

連餵食這麼重要的事情都會忘記的話，足見其同情體諒之心是何等的缺乏。從這一類型的心理傾向來看，這是沒有充分考慮到他人的心情而採取的做法。這表明你對對方「遲鈍、過分不拘小節的地方」而感到不滿。

✳ 選擇B

所謂的生病，也可以看做是其體弱的一個證據。選擇本項答案的人，可是看做是對於對方「消極地、不能依賴的特質」感到不滿。

✳ 選擇C

美麗的鳥兒可以看做是你交往的對象，從你的手中逃脫，則暗示著對其他的人心動。你認為從你手中逃脫的小鳥會被野貓咬死，表明你對於「見異思遷的行為是絕不會原諒」的想法。由此可見，你對交往對象「見異思遷」的做法很不滿意。

✳ 選擇D

小鳥壽終正寢，乃是其長生的證據。也正是將此過程或行動化成了墨守成規式的。由此可知，在你的潛意識裡，對於交往對象的「墨守成規、不思改變的態度」持有一些不滿。

34. 搭乘雲霄飛車

在美國紐澤西州六旗大冒險樂園裡，有世界上最快、最高的雲霄飛車——「京達卡」，它號稱雲霄飛車之王。在啟動時可以瞬間由零加速至時速206公里，像火箭般直上，過程中有一次270度扭轉，到達139.5公尺高的頂點後猛然俯衝41層樓的高度，還有一次270度的扭動。然後，雲霄飛車又進行第二次攀爬，到達40公尺高，短暫的失重後，透過磁力剎車，全程28秒玩完。試想在二人同乘「京達卡」，體驗那種風馳電掣、有驚無險的快感時，你會有什麼樣的表現呢？

A盡情地大叫。

B閉著眼睛不敢言語。

C心平氣和地享受。

【心理解析】搭乘雲霄飛車時,不管是誰的情緒都會變得高昂起來。此處假設二人同乘的情景,乃是在檢驗你的戀愛情感的熾熱程度。換言之,透過選擇的結果可以十分準確地掌握住你對異性心理反應的程度為何。

看一看

※ 選擇A

盡情地大叫,這是激烈高昂的情感的突出表現。此種類型的人對於異性只希望與對方成為戀人而已,而且只希望維持在男女朋友的關係上,感情無法昇華,因此與異性可說是無法以友情而結合的。

※ 選擇B

閉著眼睛不敢言語,是感情抑制的結果。因此,此類型的人即使喜歡上了對方,也會極力控制自己的情感,使雙方的交往進展到友誼這層關係的行為為止。

※ 選擇C

心平氣和地享受,這是用最冷靜的心態採取行動的類型。此類型的人能夠與異性極為自然地交往,不會摻雜任何戀愛感情在內,可以保持良好的友誼關係。

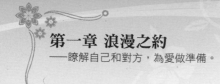
35. 悟空的神通

相傳孫悟空大鬧天宮後，天庭震怒，派楊二郎前來追殺。二郎神騰雲駕霧追到東海之上，發現孫悟空沒了蹤影，原來他施展了神通，變化了模樣。你認為孫大聖會變成什麼呢？

A變成一隻美麗的白天鵝輕盈地游在水面上。

B變成一朵嬌豔欲滴的荷花盛開在水中。

C變成無根的浮萍隨波逐流。

D變成平滑如鏡的水面。

【**測一測**】 你對異性的吸引力。

【**心理解析**】 在人際關係中，異性接觸會產生一種特殊的相互吸引力和激發力，並能從中體驗到難以言傳的感情追求，這種現象稱為「異性效應」。許多人都想成為異性的強力磁鐵，讓自己擁有一身致命吸引力。以下的心理測驗，即是透過你潛意識中的欲望，測出你對異性的致命吸引力指數。

※ 選擇A

致命指數為99分，你多準備幾隻蒼蠅拍吧！身為萬人迷的你對於自己的外貌和氣質深具信心，更懂得在適當的時候放電，因此總是備受「關愛眼神」的困擾。你可能是因為太善良，也可能是喜歡眾星拱月般的感覺，總之你那不懂得拒絕別人的「博愛」個性總是讓真正適合的人覺得你有些輕浮而悄然退場。

※ 選擇B

致命指數為70分，你以內在美見長，欣賞你的人可能真的是伯樂級人物。你外表看起來就像沉靜優雅的粉荷，有些冷峻孤傲，使人難以接近，年輕的小毛頭可能會從你身旁呼嘯而過，只有慧眼識金者才能瞭解你的優點，並會瘋狂地愛上你這一點。

※ 選擇C

致命指數35分，你對異性的吸引力不是很大，但是你仍然有一些優點，使異性喜歡跟你在一起。對於愛情，你總能化被動為主動，去追求心儀的對象，而且只專注於眼前的目標，為悅己者容。

※ 選擇D

致命指數10分，很不幸，你並不吸引異性。你的性格十分矛盾，一方面由於無法正確地看待自己，所以顯得有點保守畏縮；另一方面又認為自己知音難逢，很容易將自卑情緒轉化為自戀、自滿的防衛機制。

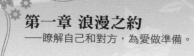
36. 回到古代

　　在不久的將來，臺北的一家科技公司發明了一種時光穿梭機，可以將現代人送到幾百年前的過去。這家公司的總裁選中了你做為第一個回到古代的幸運兒。你懷著激動的心情坐在時光穿梭機裡，很快就置身在古老的長安街上。當你一臉驚訝地站在幾百年前的土地上，看著一身古裝打扮來來往往的人群時，你想化身成何者？

【測一測】對方什麼地方最吸引你。

【心理解析】上面的選項所代表的明顯特徵即是你自己所渴求的要素。更進一步説，這樣子的特徵和相同的要素，構成了你期待對方的要求。換言之，與你潛在受吸引的部分是相互重疊的。

看一看

※ 選項A
誠實而認真的地方。

※ 選項B
慷慨大方的地方。

※ 選項C
胸襟開闊的地方。

※ 選項D
容貌和思想的地方。

※ 選項E
感覺很好的地方。

37. 討價還價

週末，你和朋友一起逛街，在一間精品店裡看到一頂自己非常喜歡的帽子，只是價錢有些昂貴，這時，你會怎樣跟老闆講價呢？

A直接開個價，請老闆便宜點賣給你。

B讓朋友也買一頂帽子，一起付款價錢便宜些。

C站在貨架前面按兵不動，直到老闆主動減價。

D和老闆死纏爛打，來來回回攀談好多次，直到老闆最終同意。

E覺得討價還價太丟臉，算了，還是忍痛以高價買下來吧！

【測一測】讓你必勝的示愛方式。

【心理解析】如何選擇適合你的示愛方式，這需要根據你的性格「量身訂做」。要嘛採取直截了當型：或書信或面談亦或找中間人直接告訴對方我喜歡你，願意和你交個朋友；要嘛採取含蓄委婉型：投石問路，旁敲側擊，既讓對方明白了你的心思，又要點到為止，無論結果如何，都不會彼此沒面子，更不會傷和氣。示愛的學問要說起來很深，但這個測驗突出地針對你個性的特點為你把脈。

✳ 選擇A

「我喜歡妳，一起看電影好嗎？」——單刀直入，不拐彎抹角的示愛方式最適合你。你是那種想做就做的人，直接跟對方表白適合你的性情，小動作做得太多反而會適得其反。只是在向心愛的人表白愛意時，千萬不要太莽撞，以免嚇到對方。

✳ 選擇B

「幫個忙，做一次信差，把這封信送給那位小姐。」——你太依賴朋友了，談情說愛別人可是無法代替你的，雖然平時可以找朋友幫你說點好話，但到了表白的時候，你必須拿出勇氣來。

✳ 選擇C

「對我而言，世上沒有任何一個女孩比得上妳。」——你做事有點兒無賴，但勝在有耐性，發覺對方面有難色，立刻將其捧上天，不斷採取迂迴戰術。如果示愛時多加些誠意，對方慢慢地就會瞭解你、接受你。

✳ 選擇D

「『這個……我……』低著頭竊竊的咕噥幾句，然後把情書交給對方立刻拔腿就跑。」——欠缺自信的你，如果要你坦白示愛實在令你難以啟齒，倒不如寫封情書更有效。你會在信中真摯地表達自己的情感，對方看完後一定會被深深打動。

✳ 選擇E

「當心愛的人要坐下時，會立刻掏出手帕為其墊上。」——你是那種期待對方明白你的心意，然後主動向你示愛的人。膽小的你，如果你是男的就太被動了，拿出勇氣向她示愛，才是真正的男子漢嘛！

第二章 愛情之窗

——墜入情網，生命因愛而精彩！

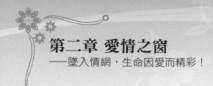

01. 畫圓

在做這道測驗題之前，請準備好紙和筆。妳先在紙上畫下一個直徑4公分的圓代表妳的另一半，然後，以這圓圈為參照再畫一個圓來代表妳自己，妳將如何畫這個圓呢？

A畫在第一個圓圈的旁邊，兩個圓完全不相連。

B兩圓互不相交，在第一個圓圈裡面畫一個小圓圈。

C兩圓互不相交，在第一個圓圈的外面畫上更大的圈。

D兩個圓重疊或相交。

【測一測】 妳是不是個醋罈子？

【心理解析】 對待戀愛，有的人很豁達，覺得彼此都處在一個很公平的地位上，有了任何想法都可以隨意去做；有的人則控制欲望十分強烈，甚至伴侶跟異性說句話都要嚴加看管。在心理學上，吃醋的動機產生於恐懼失去愛的心理和擁有必需品的欲望結合之中。它雖然能夠代表你的愛，但是如果太過分了，只會讓你的另一半落荒而逃。

☀ 選擇A

妳對愛情真的很豁達，不會輕易吃醋。妳認為愛情是妳的就是妳的，不是妳的強求也沒用，所以妳絕不會採取緊迫盯人的方式來經營妳的感情。妳認為每個成年人都要對自己的行為負責，不需要別人用言語和行動來制裁。雖然妳有時也會有酸溜溜的感覺，但是從來不表現出來。在別人眼裡，會覺得妳一點兒都不愛他，甚至連妳的情人也會有這樣的感覺，其實妳心裡是非常愛他的，只是妳不想讓愛成為枷鎖罷了。

☀ 選擇B

妳可是個蠻會撒嬌的小女人，對於情人和異性無傷大雅的打情罵俏，妳不會很計較，甚至有時妳也會湊上前去來上幾招，增添點生活情趣。如果妳的愛人因此而認為妳不會吃醋，或愛情觀念開放，那可就大錯特錯了！其實，妳的醋勁滿大的，「臥榻之上，豈容他人安睡」，妳絕對不能容忍與他人「分享」自己的愛人。

☀ 選擇C

妳的眼睛裡容不下一粒沙子，在愛情上，妳可以說是非常小氣，簡直可用「超級醋罈子」來形容妳。妳恨不得在自己的腦袋上安上雷達，時刻監視愛人的一舉一動。如果情人要是和別的異性多說上兩句話，或是多看異性幾眼，妳的吃醋本色立刻就會暴露出來，醋罈子打翻在地，不爽的心情蔓延到臉上，甚至氣得臉色發青。強烈建議妳：如果真的愛他就應該瞭解他的想法，而不是幫他決定一切。

☀ 選擇D

妳是一個有思想的現代女性，算是個很會享受愛情的人物。妳十分懂得信賴與尊重對方，會把彼此的關係處理得恰到好處。妳們夫唱婦隨，是一對典型的模範夫妻。

02. 清晨走入客廳

好不容易到了週末，妳舒舒服服地睡了一個懶覺。當妳睡醒後，伸著懶腰走到客廳時，客廳裡最吸引妳目光的是什麼呢？

●【測一測】妳是不是個愛情狂？

●【心理解析】心理學上認為，愛情是人際吸引最強烈的形式，使身心成熟到一定程度的個體對異性個體產生富有浪漫色彩的高級情感。當兩性之間關係有了進一步發展時，吸引力就產生了。當吸引力或浪漫愛情產生後，我們常常會失去理性思考的能力，俗話說「愛情是盲目的」就是這個道理。進入這個階段後，我們常常察覺不到對方的缺點，將對方理想化，而且無法將對方從腦海中抹去，為了對方赴湯蹈火也在所不辭，於是，「愛情狂人」便因此產生了。妳想不想知道自己是不是個「愛情狂人」呢？那就快點來看結果吧！

看一看

※ 選擇A

你的信條是——「戀愛的季節裡，不努力工作的人是可恥的」。沒有愛情，你照樣活得很好。你是個超級工作狂，責任感很強，一旦事情交到你手裡，上刀山下火海，也要完成。你的腦子裡想的全是工作，愛情只不過是你工作過後的精神寄託罷了。

愛的忠告：愛情與事業雙雙豐收，才是真正成功的人生。有了愛情的滋潤，你才會工作得更好！

※ 選擇B

你的信條是——「生命誠可貴，愛情價更高」。沒有愛情，你會死得很慘。為了愛情你可以犧牲一切，甚至還可以犧牲別人的一切。你是那種為愛而活的人，做什麼都以愛情為出發點，對你來說，沒有愛的生活完全沒有意義。

愛的忠告：你這個愛情狂人，千萬別為了愛而耽誤了自己的學業和事業哦！

※ 選擇C

你的信條是——「愛你不如愛自己」。沒有愛情，你會選擇愛自己。你是一個堅強獨立的人，愛自己勝過愛他人。你認為自己是「特殊」的和獨一無二的，因此，總是沉湎於無限成功、權力、光輝、美麗，或理想愛情的幻想中。

愛的忠告：不要太自戀啦！客觀地面對現實，努力尋找自己的靈魂伴侶吧！

※ 選擇D

你的信條是——「今朝有酒今朝醉」。沒有愛情，你會變得放縱。在感情上，你是一個遍體鱗傷的人，由於不再相信愛情，你開始用放任的態度來對待一切，不斷尋找新的刺激來麻醉自己的神經。

愛的忠告：你要注意啦！如果再也找尋不到讓你找回自信的方式以及積極的人生態度，你就有可能會從此消沉下去！

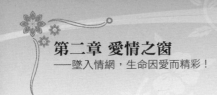

03.「股海」沉浮

　　有人形容自己買股票的經歷時說：「買入之前以為是黑馬，騎上去覺得是跛馬，走得慢，然後又覺得是木馬，別人的白馬在跑，自己的不動，最後發現原來這是河馬，會跳水……」如果妳是一個的股迷，妳會投資哪一種股票呢？

A潛力股。

B績優股。

C網路股。

D ST股。

> **【測一測】** 妳挑選老公會走眼嗎？

> **【心理解析】** 炒股與戀愛有許多相同之處，都會有高潮、有停滯、有低谷，這裡面充滿了無數選擇和變數，既可以給妳帶來狂喜，也可以給妳帶來大悲。無怪乎有人說，選股就像選老公，得看現在有沒有錢，或者未來能不能賺到錢。在戀愛股市上，不同類型的男人就是不同類型的股票，妳的眼光是否高明，關鍵是選股，選對股票，成功、得失已決定了大半。

✳ 選擇A

此種老公屬於「朝為田舍郎，暮登天子堂」的類型。雖然現在是普通的一兵，說不定日後就會成為一個威震八方的將軍。現在的他，或苦拼赴美簽證，或埋頭於電腦與證券之間進行著數位化的溝通；二十塊錢的蛋餅吃得津津有味，在單位第三梯隊上的後備名單上，可能列著他的大名。他「身無分文，心懷天下」，極有可能與妳分享愛情的挫折與成功的每一步後，最終上升為績優股。能和這樣的老公一起奮鬥，最後苦盡甘來，想想都醉人。可是，選擇這樣的老公最大的風險是，就怕他一輩子都是潛力股，妳可就虧大了！

✳ 選擇B

此種老公屬於「風頭正健」的類型。據不可靠的估計，他很有可能是MBA（工商管理碩士）中的一分子，有房子、有車子、有事業，自我感覺莫名其妙地過於良好，心血來潮時還會進行一次浪漫旅行。有錢總是好事情，可是感覺太好卻容易出事。擁有這樣的老公依舊有風險，因為他的感情往往不如他的錢包那樣殷實可靠，在他們的周遭，經常有形形色色的「彩蝶」在那裡翩翩起舞。

✳ 選擇C

此種老公屬於「說不清、摸不透的浪漫主義者」的類型，他可以一次送妳999朵玫瑰，也可以關掉手機不接電話，一週內搬三次家為的是逃避妳或是債主。他的甜言蜜語所向披靡，但是承諾卻往往落空。大起大落是他的性格，若即若離總透著神秘。這樣的老公最大風險是：激情浪漫都是年輕惹的禍，他實在是太不成熟了。給妳的忠告是，在一帆風順的時候搭搭他的船還可以，只是別忘了下船。

✳ 選擇D

此種老公屬於「成熟得可以做父親」的類型。他富有成熟男人的魅力，歷經情海沉浮。也許他剛剛拋妻棄子從美國回到國內發展；也許昨天他與另一半分道揚鑣；也許他從來就未曾打算過結婚。他透過經歷或者想像決然告別了婚姻，「想一個人靜靜」是他不變的藉口。這樣的老公成熟得令人無法抗拒，但是妳選擇了他，能保證妳是他的最後一任太太嗎？

04. 菜鳥服務生

　　在一場 「中世紀主題聖誕夜」的party上，你身著筆挺的西服優雅地穿梭在人群中，這時有一個服務生經過你的身邊，一不小心把拖盤上盛滿威士忌的高腳杯打翻了，濺了你一身。最可氣的是，這個菜鳥服務生，居然沒有向你表示歉意。面對這種情況，你第一反應是什麼呢？

　　A抓狂，揪住服務生暴打一頓。

　　B怒火攻心，手指服務生，氣得說不出話來。

　　C「這是什麼態度，叫你們經理來！」

　　D皺著眉頭說：「有沒有搞錯啊！暈死！」

　　E「我不和你計較，但你要懂禮貌。」

　　F立即跑向洗手間。

【心理解析】衝動是人的情感特別強烈、理性控制很薄弱的一種心理現象。心理學家指出，在特定的環境下，如果要求得不到立刻滿足，有些人的衝動就會轉為病態，如做事不假思索、感到厭煩、草率魯莽、不計後果、急於求成，或行為具有挑釁等。對於愛情來說，病態的衝動就是魔鬼，會讓你不受控制地說出諸多不適宜的詞彙，或是做出種種不可理喻的舉動，使你苦心經營的愛情堡壘瞬間崩塌。你想不想知道自己衝動起來像哪位梁山好漢呢？那就來揭曉謎底吧！

看一看

※ 選擇A

霹靂火秦揚，衝動指數：☆☆☆☆☆☆☆。你簡直是「衝動派掌門人」，很忠於自己的喜怒和性情，不會刻意壓抑自己的情緒。對你來說，喜歡就是喜歡，討厭就是討厭，開心就是開心，傷心就是傷心。這樣的你，對待事情多少會有些獨斷和完美主義。在戀愛中，你總是會被情緒左右，顯得不理智和孩子氣。你的另一半也會因你遇事考慮不周全而備受打擊和傷害。不過，你充滿正義感，是個可靠的伴侶，這也是你的魅力所在。

※ 選擇B

豹子頭林沖，衝動指數：☆☆☆☆☆☆☆。你衝動起來的後果往往是很可怕的，一旦真的遇到你十分在意的事情，就會變得不顧一切，屬於情緒化的情人。在愛情的過程中，你有很多地方是很不理智的，常常不考慮後果就付諸行動，而且腦中只有一種固定的思維模式，很容易被情緒左右你的想法。你對待感情，情緒比較兩極化，可以很冷靜，但是也可以比任何人都熱血。屬於衝動起來，不撞南牆不回頭的類型。

❋ 選擇C

拼命三郎石秀，衝動指數：☆☆☆☆☆。當你認定一件事情時，你很少會聽得進別人的意見，也不會給別人任何左右你看法的機會。尤其是當你感到被人欺騙或者背叛時，你對待感情的完美主義追求會使得你不肯聽別人的辯解，而固執地按照自己的想法行事。這樣的你，顯得很自我，很容易使你的另一半受到傷害。

❋ 選擇D

病關索楊雄，衝動指數：☆☆☆☆。 你算不上是個容易衝動的人，很難做出不考慮清楚就行動的事情。你習慣隱藏自己的欲望和衝動，總是從安全和實際的角度去考慮問題，在你一時興起時，也往往會先壓抑住怒氣，看清大局、考慮清楚後再做出決定。這樣的你，實際上很怕受到傷害，也很怕被人瞭解自己的內心。

❋ 選擇E

玉麒麟盧俊義，衝動指數：☆☆☆。你雖然有老好人的架勢，但不愧是沙場老將的風範！見多識廣的你是個不折不扣的戀愛專家。當情人向你頂嘴時，你總會用內在修養將這種衝突化為無形。即使這樣，一旦你怒髮衝冠，不發則已，一發驚人。

❋ 選擇F

及時雨宋公明，衝動指數：☆。你的危機應變能力一流，反應迅速常常會讓人錯愕。你屬於比較理性成熟的人，對自己的愛情很有信心，而且情感的穩定度極高，不會因為小事和對方產生摩擦。

○5.最佳的放鬆方式

下列四種情況，哪一種是你最喜歡的？

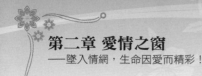

第二章 愛情之窗
——墜入情網，生命因愛而精彩！

【測一測】你的愛情抗體有多高？

【心理解析】有人說，上帝賜與人類最棒的禮物，叫做「情感」，讓每個人都抵擋不了愛情的誘惑，甚至深陷其中無法自拔。談了幾次戀愛之後，多多少少會因為過去的感情體驗，而改變或影響了日後對愛情的接受程度，這就是所謂的「愛情抗體」。想要在愛情中「死裡逃生」，那就得透過以下的測驗，來看看你的愛情抗體有多高。

看一看

❋ 選擇A
愛情抗體：☆☆☆。你注重自我，遵從內心的需要，因此只要對方能夠給你足夠愛的感覺，你便會無視客觀因素投入愛河。你不太喜歡受拘束，在戀情上，通常是隨遇而安，所以你的另一半由朋友轉變為情人的成分極高。只要投你所好，加上長期關心，很快就能擄獲你的心。當然，一旦客觀事實限制了你的愛情，比如對方已有配偶、家庭，你就會轉身離開，愛與不愛都一樣自如。

編輯建議：喜歡自由不代表能隨意處置別人的感情。玩歸玩，該認真的時候還是要認真對待。

❋ 選擇B
愛情抗體：☆☆☆☆☆。你是個很重視自我感覺的人，沒興趣的東西你不屑一顧；相對的，只要是你想要的，想盡辦法也要得到，其瘋狂程度會令人瞠目結舌，對於愛情亦然。你發生婚外情或成為第三者的可能性也比一般人要高，只要是你想要的愛情，你就會絞盡腦汁設法得到，否則絕不放手。這樣的你，很容易在愛裡受傷。

編輯建議：當一段感情陷入拉鋸戰時，多關注一些生活中其他有意義的事情，愛情並不是衡量一切的標準。

※ 選擇C

愛情抗體：☆☆☆☆☆☆。你是個外表看似隨和其實內心十分剛強的人，總是認為「道不同不相為謀」，所以你選擇的戀人通常是能夠一開始就和你談得來的人。理智而堅強的你，不會輕易付出自己的感情，但是在潛意識裡並不缺乏浪漫與激情。所以，如果對方是你心目中完美戀人的形象，你就會突破世俗的偏見，無視他人的看法，可以說是死心塌地的典型。

編輯建議：不要帶有偏見去看人，一開始被你鄙視的對象，也許在很多年之後你才會發現其實他就是你的真命天子。

※ 選擇D

愛情抗體☆☆☆☆。你有時憧憬著童話式的浪漫情緣，有時又嚮往石破天驚轟轟烈烈的偉大愛情。你喜歡尋求刺激，不過所幸還夠理智，幻想歸幻想，現實生活中你也會腳踏實地。在你身上發生戲劇性愛情的機率不是很高，因為你總是深思熟慮、三思而後行。當然，如果遇到令你窒息的對象，你也會被打動，決心冒險一試。一旦發現那不是自己想要的幸福，也會理智的抽身離開。

編輯建議：自卑有時會讓你白白失去很多良機，無論你怎樣的愛一個人，前提是要愛自己。讓自己生活得好，才會在愛情的世界裡享有完整的精神獨立。

06. 遇難者

一支登山隊在山谷中發現了一具年輕人的屍體，這裡荒蕪人菸，一片荒涼，請你推測一下，這個青年是如何遇難的。

A 被山洪捲入了谷底，被水溺死。

B 在山谷中行走時，被落石砸中身亡。

C 在登山的過程中，失足墜落山谷。

D 遭遇了毒蛇，中毒而死。

【測一測】你的「蠢情」指數。

【心理解析】談了戀愛似乎就會變蠢、變笨，甚至變得不可理喻。可是不如此，好像又不是戀愛了。情感作家連岳說：「『宿命』、『命中註定』、『老天』這些大而化之的歸因法，容易讓人變蠢，把它們祭出來撒一通狗血，一件傻透了的事情，可能卻變成了小市民的夢幻性遊記。」你是不是依舊沉浸在甜蜜的夢裡？你的愛情蠢情指數又有多高？做個測驗，你也許會更明白！

✳ 選擇A

你的蠢情指數為20％。基本上你對待感情相當理智，戀情總是在平穩中度過。可是愛情若是波瀾不驚、缺乏激情，久而久之就會變得味同嚼蠟。建議你不妨經常給情人來一些小驚喜，維持一下感情的熱度。

✳ 選擇B

你的蠢情指數為75％。雖然你的佔有欲十分強烈，但是會努力藉助理性來控制欲望。在你的內心當中很想完全掌握對方的一舉一動，不管對方準備做什麼、何時在何地要見誰，甚至幾點回家你都希望瞭若指掌。你在平日裡刻意地維持適度的理智不做多餘的聯想，可是對於感情中突如其來的狀況，卻總是顯得有些措手不及。建議你多採取些幽默的方式來應付這些狀況，免得讓一時的情緒衝動毀了一生的幸福喔！

✳ 選擇C

你的蠢情指數為50％。在感情方面你不是一個太死心眼的人，只是有時口無遮攔，總是做些犯禁忌的事。雖然你認為這沒什麼，但是你的另一半卻會感到有些莫名奇妙，甚至被你突然的大動作嚇到。其實，就算是形影不離的情人，他的生活體驗也跟你有所不同，別急著生氣好好溝通即可，如果真的是對方的錯，再來發飆也不遲。

✳ 選擇D

你的蠢情指數為99％。其實不用測驗你大概心裡也有數，你在感情上總是過分鑽牛角尖，拼著老命往壞處去聯想，常常會做出一些讓自己後悔懊惱的事。個性浪漫、對戀愛有強烈憧憬的你，很容易對戀人抱過多的期待。你所有對戀愛的印象全來自書籍或影視作品，缺少自己的見解，所以只要狀況沒有像電視情節般發展，便會做蠢事。希望你獨處一段時間好好想想，別在愛情中陷得太深，還有許多事需要你做呢！

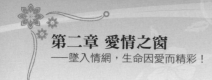
07. 鍾意的顏色

如果你在海邊有一棟房子，在能夠欣賞到美麗海景的那一側的窗子上，你會掛什麼顏色的窗簾？

A 紅色。

B 藍色。

C 白色。

D 黃色。

【測一測】你的愛情主動性。

【心理解析】心理學的研究成果顯示，一個人喜歡的顏色與性格之間有某種對應關係，不同顏色對人的身體、情緒、思想和行為有著深刻影響，可以反映出一個人的性格。如，藍色代表著一種平靜、穩定。如果你喜歡藍色，你很有可能是個性格內向的人，不太喜歡與別人交往，喜歡獨處；你的自我抑制能力很強，即使遇到令人激動的事，你也能不為所動，保持一顆平常心。本題就是基於這樣的原理設計的。

✳ 選擇A

紅色象徵著活力、健康、熱情和希望。熱情似火的你，一旦遇到自己喜歡的人，就會抓緊時機表白心跡。你對於愛情的看法十分直接，時常會一頭就栽進去，乾柴烈火般的愛情用來形容你可以說是再適合不過了。你一見到喜歡的對象，便抑制不住心中的愛火，立刻會使出渾身解數來贏得對方的歡心。

✳ 選擇B

藍色象徵著平靜、永恆、理智和深遠。你不喜歡過於直白的表達愛意，即使你愛一個人，在情況還不明朗的狀況下，你不會輕易表明態度。如果對方主動向你示好，你會先評估一下你的優劣勢，再決定是否要接受這份愛。你對愛情多採取隨機應變的態度，按部就班來調整愛的速度，運用理性來看待愛情，透過認同對方，使彼此產生知己的共鳴。

✳ 選擇C

白色象徵著純潔、神聖、清爽和潔淨。你對愛情向來態度小心，你是要愛就要有結果的人，不然你不會輕易地讓自己沾惹上愛情。你把愛情看成是自我成長的一部分，但有時你會過分遷就別人，而缺少了自己的主見，即使喜歡上對方也不會主動表白。如果你真的渴求一份有成就的愛情，從現在起就需要積極行動了。

✳ 選擇D

黃色象徵著溫和、光明、快活和希望。你的個性天真無邪，最不工於心計。真實、坦白是你最大的特點，你很容易就會對一個人產生感覺，墜入情網對你來說更是家常便飯。愛情愈新奇對你愈有吸引力，不過，你似乎稍微欠缺努力和決心，有時難免會顯得三分鐘熱度，積極有餘，後勁不足。

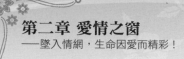
08. 調查問卷

你正在路上行走，突然被工讀生攔住，要你填一份怪怪的問卷，你有點懷疑他的真實目的，所以不願太認真填寫，下列哪一個項目，你會選擇謊報呢？

A姓名。

B年齡。

C聯絡方式。

D婚姻狀況。

【測一測】 你會不會說：「我愛你！」

【心理解析】 當春天已來臨，就不必詢問花期，當我們已經出發，就不要擔心風雨。當你已愛上一個人，就不必擔心拒絕，再偉大的人在愛情的激流面前都有低下自己高貴頭顱的瞬間，愛，是一種欣賞，愛，是一種勇氣，要勇於說我愛你！當「我愛你」說出來的那一刻，也意味著沉甸甸的責任！

👀 看一看

✳ 選擇A
你愛上別人是需要時間的，你認為一旦相愛就要給對方清楚的交代。如果隨口說說，不僅會讓對方受傷，你也必須要承擔這個責任。你寧可向對方表明「喜歡」的感覺，也不會輕易說出「我愛你」這三個字。你會在交往的過程中給彼此寬闊的空間，慢慢培養感情。進可攻，退可守，即使分手了，也不會太傷感。假如能繼續發展，也算是水到渠成的美事。

✳ 選擇B
你實在是純情的不得了，當開始喜歡對方的時候，就會認為那就是愛，迫不及待地想把自己的所有都奉獻給情人，身邊的人容易察覺你陷入了狂戀狀態。當你的情人實在很幸運，你不會隱藏自己的感覺，勇於表達愛意，對方知道你的愛是不會輕易改變的，所以很有安全感。

✳ 選擇C
一開始，你只會在心中肯定你是喜歡對方的，但是不會輕易說「我愛你」這三個字，因為那對你而言是很重要的一件事，必須要考慮清楚，才可以許下承諾。你很看重自己的感情，在決心戀愛之前，總會思考再三，衡量你和對方是否適合，等到你確定那真的是你想共度一生的伴侶時，你的心就會毫不動搖地放在對方身上。

✳ 選擇D
你對「喜歡」和「愛」這兩個語詞的定義完全搞不清楚，說明白點，是根本不在意。只要對方愛聽什麼，你就說什麼，對你而言，沒有界定的必要。你不怕說「愛」這個字，那絕對不會為你帶來任何負擔，因為你想走就走，不需要為自己說過的話負責任。

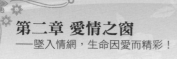
09. 公車上讓座

在搭公車上班的時候，妳看到身邊站著5個人，妳會把座位讓給誰呢？

A孕婦。

B老太太。

C殘疾人。

D抱著孩子的母親。

E地痞流氓。

【測一測】妳會嫁給窮小子嗎？

【心理解析】在人類的兩性關係中，麵包與愛情的問題，成了婚姻過程中終究難以逾越的一道屏障。但現實就是現實，生活中不會因為牛郎和織女的故事而讓一對情侶有很圓滿的結果，對那些只在單方面想擁有一個大家閨秀的土包子們就更是癡人說夢了。難道丘比特真的離窮小子們遠去了嗎？其實，並不是每個美眉都是物質女孩，現代的女孩也會上演一齣現代版的牛郎織女。下面的測驗就是檢驗哪位美眉真正具有成為織女的潛力，有興趣的話請試一試！

✳ 選擇A

妳的母愛實在是太強烈了，對方越是軟弱或是越沒有錢越會激發妳的母愛。為了愛，妳不怕吃苦，所有的困難都挑在肩上，是嫁窮小子的不二人選。

✳ 選擇B

妳是個現實的女孩，隨著年齡和閱歷的增長，愛情日益讓位於麵包。對妳來說，經濟狀況平穩的對象最入妳的眼。

✳ 選擇C

妳的個性獨特，有自己的判斷力，妳選擇的對象即使是窮小子，也會挑選一個能力突出，有潛力的未來有錢大爺。

✳ 選擇D

愛情是妳的全部，只要愛上了，就算是一起餓死也心甘情願。窮小子見了妳一定會欣喜若狂，妳就是現代版的織女，能做妳的牛郎真是前生修來的福分！

✳ 選擇E

妳是一個物質女孩，眼裡只有麵包，根本無法忍受苦日子，一心想當有錢人家的少奶奶。對於現實的壓力妳不願意去面對，為了能夠找到一個安全的避風港，寧願捨棄愛情。

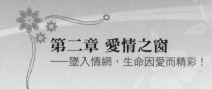
10. 倒楣的商人

一天，一位商人誤闖孫二娘和張青經營的十字坡黑店。老闆張青吩咐店小二端出五杯飲料，請商人任選一杯解渴。在這些飲品當中，只有一杯沒有下蒙汗藥，你認為商人會選擇喝哪一杯呢？

A 新鮮的牛奶。

B 一杯濃濃的鐵觀音。

C 雀巢咖啡。

D 珍珠奶茶。

E 白開水。

【測一測】 你的愛情幸福指數。

【心理解析】 幸福是人最難擁有，也最希望擁有的財富。世上任何財富都是手段，唯獨幸福這種財富，是我們生命的目的。專家認為，幸福指數（GNH）是衡量人們對自身生存和發展狀況的感受和體驗，即人們的幸福感的一種指數。所謂的幸福感可以解釋為滿意感、快樂感和價值感的有機結合。腰纏萬貫不一定就感到百分百的幸福，貧窮落後也不一定讓人有淒涼和悲慘的感覺。幸福就像一種神秘的力量，藏在我們心靈之中，等待我們去發掘。現在的你，在生活中能感受到多少幸福，會懂得珍惜嗎？

✳ 選擇A

你屬於「愛你愛到死型」，目前的幸福指數60％。你很單純也很善良，只要喜歡上對方，就會覺得自己超幸福。

✳ 選擇B

你屬於「你儂我儂分不開型」，目前的幸福指數85％。你目前的心境是非常成熟的，不管是工作還是日常生活都感到很滿意。你現在幸福的定義就是跟自己最愛的人在一起，這種感覺實在是很窩心。

✳ 選擇C

你屬於「歡喜冤家揰心肝型」，目前的幸福指數45％。你非常的自我，雖然彼此很相愛，卻會時常拌嘴、鬥嘴，不過在心裡彼此的份量還是很重的。

✳ 選擇D

你屬於「只羨鴛鴦不羨仙型」，目前的幸福指數100％。你和另一半在一起已經不需要用言語溝通，你們之間的默契不是外人所能瞭解的，常常是一個眼神、一個動作就會傳達出愛的訊息。

✳ 選擇E

你屬於「想喝忘情水忘記一切型」，目前的幸福指數10％。你非常的獨立、聰明，不會被愛情套牢。

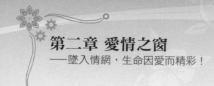

11.幽靈現身

　　所謂的幽靈，是死者的靈魂，以其生前的樣貌再度現身於世間。幽靈通常沒有固定的形體，而且用肉眼是看不見的。據說，生前心願未完成、緣分未了的人，或是怨恨難消、仇恨未報而慘死的人，常常會變成幽靈現身，你覺得自己在什麼狀況下最有可能看到這些鬼魂？

　　A佩戴墳墓裡死人的首飾。

　　B一不小心闖進陰陽門。

　　C午夜隻身去鬼屋探險。

　　D換死去人的眼角膜。

【測一測】你會在戀愛中迷失自我嗎？

　　【心理解析】保持自我是一種成熟的品格，是一種在心理上已經斷奶的象徵，它可以承受愛情的挫折，抵禦情感的打擊。保持自我和疏遠是兩個不同的概念，是指與戀人相處時有自己獨立的思考和行動，是個性獨立的一種體現。能夠保持自我的人，是自信的人，也是獨立的人，他們能夠給予對方愛，但絕不會毫無原則地順從對方，迷失自我。

※ 選擇A

只要一談戀愛，你就找不到自我了，一切以對方為中心，整個世界都隨著對方轉，對方就是你的一切。

※ 選擇B

你在剛開始戀愛時很理性，自我分析非常清楚，但是隨著愛情的深入，你就會越愛越迷失，最後陷入了完全沒有自我的境地。

※ 選擇C

你在戀愛剛開始時會昏頭，隨後越來越清醒，開始懂得去愛自己。你這種類型的人，剛開始會覺得戀愛的感覺很甜蜜，隨著時間的流逝和雙方瞭解的深入，便會開始冷靜的思考雙方的未來以及適合度，越愛越清醒。

※ 選擇D

你會堅持做自己，因為這樣才能繼續成長成熟。你對自己很有自信，覺得戀愛很重要，需要好好經營，不過自己的尊嚴、興趣、生活以及朋友還是要保有的，所以你會在自我和戀愛中找到平衡點，使兩者並行不悖，和諧發展。

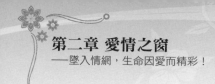
12. 拳擊賽

拳擊是一種強力對抗、激烈的男性化運動，同時也很受女性的歡迎。拳擊比賽中最令人玩味之處，便是在於將對手擊倒那一瞬間的快感。如果你去看拳擊比賽，你最希望對方在什麼時候決出勝負？

A一招致敵，勝負立見分曉。

B雙方在第五個回合決出勝負。

C鬥得難分難解，直到最後，一方才以微弱的點數獲勝。

●●●【測一測】你是否適合相親結婚。

●●●【心理解析】在拳擊賽上下賭注是需要冷靜的，只有保持清晰判斷的人，才能贏得賭局的勝利。而這種心態和人們在相親時仔細觀察對方的心態是相通的。現在，一到過年的時候，單身男女的終身大事就會被提上「議事日程」，相親，越來越成為過年的一項重要活動。如果家裡為妳介紹一個有房子、有車子，在公司業績突出，在家長中備受好評的相親對象，你會不會因此而蠢蠢欲動呢？如果在相親當天見到了一個有些掉髮、中年發福的傳說中的精英，妳會不會因為他的相貌落荒而逃呢？下面就讓我們來測一下妳是否適合相親結婚。

看一看

☀ 選擇A

你性子比較急躁，並不適合相親。如果以100分為滿分的話，那麼你的相親適合度也只有45分。急性子的你一旦聽到婚姻專家說「今年再不結婚的話，要等10年才有下一次緣分」時，就會迫不及待地四處相親，認識不到一個月便張羅著結婚，真是超級結婚狂。你應該好好觀察對方，要預防婚姻變成悲劇。

☀ 選擇B

不肯冒險去賭冷門的你，對相親也是只走穩當可靠的路線。因此，你的相親適合度高達85分。雖然你的適合性很高，但紅娘的功夫也在一定程度上對你相親成功的機率有很大的影響。明明要她介紹個醫生或經濟條件好一些的人，可是她卻介紹一個住在深山裡的獸醫或一個腦袋空空的暴發戶。不過，這些都是題外話。

☀ 選擇C

你本人對相親不甚熱衷，相親適合度只有20分而已。你去相親的目的，更多地是為了增添一些茶餘飯後的話題，另外就是可以騙頓大餐吃。你不願意傷了父母的心，只好乖乖地去逢場作戲。你通常在參加相親之後會考慮良久，最後可能還是會以一句「你太完美了，我配不上你」來拒絕對方。雖然你現在還很年輕，來日方長，但經驗告訴我們，錯過理想的對象，你會後悔莫及的。

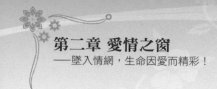

13.夢中的蹺蹺板

你夢裡去公園坐翹翹板，突然發現另一端有個人。下面有四個選項，其中誰最讓你害怕？

A身上刺青的大流氓。
B嘴角流口水的色老頭。
C散發著惡臭的流浪漢。
D哀怨的無面鬼。

【**測一測**】 相親之舟為何擱淺了？

【**心理解析**】心理學家認為，從上學到工作，幾乎沒有什麼現實戀愛經驗的人，心理上對異性有某種程度的「羞澀症」。這種人之所以依賴別人介紹，是由於自身缺乏跟異性交往的能力，也正是如此，他們對自己的魅力產生懷疑。這類人容易把交往對象理想化，而現實中的人需要慢慢接觸，但依賴相親的人，往往不願意，也不肯花時間去真正瞭解自己的對象，他們的自卑心理容易讓他們過分相信第一感覺，快速否決掉一個本可以繼續來往的異性。相親恐懼症最怕的就是無法面對自已，同時也無法用一顆平常心去接近那些看似並不完美的異性，因此，這些人需要的並不是再次相親那麼簡單，而是要從內心學會去愛一個人。其實，人在成長過程中，所有失敗都是需要坦然面對的，一味逃避只能把幸福推得離自己越來越遠。所以，停止你的抱怨，多從自身找原因， 相親失敗的慘痛事實正不是說明你本身存在某些「弱點」，要知道一個有真正內涵的人，是會非常有「異性緣」的，此時，愛情的到來，理所當然成為一件瓜熟蒂落的事情。

☀ 選擇A

你會因為做作裝清純而導致相親失敗。你是完美主義者，認為既然來相親，就要把自己最好的一面表現出來，可是往往弄巧成拙。對方初次見面會覺得你很假、很做作，氣氛會變得很僵、很冷。難道你就不能放輕鬆一點嗎？

☀ 選擇B

你會因為不小心失態導致相親失敗。你如果太high，或是太喜歡對方，往往會喜形於色。這時候，小孩子個性就會顯現出來，注意！笑的時候，女孩子要調皮的笑，或者溫柔的笑，是微笑哦，千萬不要張大嘴巴，哈哈狂笑，那樣很容易將嘴巴中的口水噴到對方的臉上。還有，不要說髒話哦，習慣不好的口頭禪要注意了。另外，千萬不要向對方吹牛，牛可以吹，什麼時候都可以，但是不要這個時候吹，吹上天的牛落下來的時候很容易砸到自己。

☀ 選擇C

你會因為話多表情誇張導致相親失敗。你可能平常並不是這樣，但是為了表現自己很輕鬆幽默，就會做出一些並不擅長的動作，或者說出一些很冷的笑話。第一次見面，你這樣的表現，很容易把對方嚇到。如果遇到不善言笑的對象，你可是要小心了，那通常都是相親高手啊，所以，你的喋喋不休或者無厘頭是很容易被看穿的。

☀ 選擇D

你會因為太高傲擺臭臉導致相親失敗。你的心理素質不是很好，還是挺容易緊張的，再加上相親又是第一次碰到的情況，所以有些不知所措，常常會僵在那裡，表面上卻故做鎮定，會讓對方誤以為你擺出一張臭臉，標準一定挺高的。幽默一點好不好？女孩子遇到幽默的男孩子，通常會笑一下，氣氛就沒有那麼緊張了。

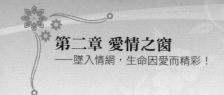

14. 訂婚的憑證

　　世界上第一個把戒指當作訂婚信物的人是奧地利王麥士米尼。1477年，麥士米尼認識了一位叫做瑪麗的公主。她的美麗容貌和優雅舉止使麥士米尼為之傾倒。麥士米尼雖然知道瑪麗早已許婚於當時的法國王儲，但是為了贏得她的愛情，麥士米尼還是決定試試運氣。他命人專門打造了一枚珍貴的鑽石戒指，送給瑪麗。面對這只精雕細琢、閃閃發光的鑽石戒指和麥士米尼的熱烈追求，瑪麗終於改變了初衷，與麥士米尼幸福地結合了。從此，以鑽石戒指做為訂婚信物的傳統便流傳了下來。如果有一天，你向情人求婚時，最希望送給她哪種款式的戒指呢？

A　　　　**B**　　　　**C**　　　　**D**

【測一測】 你如何處理友情和愛情這兩者之間的關係？

【心理解析】 愛情固然重要，友情也不可偏廢，在緊要關頭，同性朋友也會向你伸出援手。可是，一旦交往過密，你又擔心你的好友會愛上你的另一半，甚至橫刀奪愛，如何處理友情與愛情的關係呢？不妨透過選擇戒指的方式來占卜友情是否經得起考驗吧！

※ 選擇A

很不幸，你既然選擇了名貴的戒指，就快點與好朋友說拜拜吧！你是那種「為博紅顏一笑，兄弟可以不要」的人。你認為愛情重於一切，當你有了情人，見色忘友的機率沒有百分之百，一定也有百分之九十九。愛情是你生命中的空氣和水，沒有愛情的日子，你是會活不下去的，當你的朋友實在很慘！

※ 選擇B

你誠實明理，本身並不想傷害朋友，但容易為愛情所困，容易陷入情網。一旦步入愛河，你就會對情人的要求百依百順，相較之下，你對朋友可就沒有這麼的貼心了。只有在愛情發生問題，想要找人傾訴的時候，才會想到朋友的可貴。做你的朋友真可憐，總是充當你的救火隊和心情垃圾筒。

※ 選擇C

你是一個凡事都要以自我為中心的人，希望別人都圍著你轉，否則就會感到愧對自己。你對同性朋友要求很嚴格，希望把你放在第一位。如果好友談戀愛了，一旦對你的關心少了，你就會很容易萌生醋意。由於你把自己的友情置於戀愛和婚姻之上，所以不會侵佔好友的另一半的。話又說回來了，做你的朋友真的很辛苦哦！

※ 選擇D

你很聰明，凡事都會站在對方的立場上考慮問題。即使是戀愛了，也能夠在愛情與友情之間，找到一個皆大歡喜的平衡點。平時除了和情人約會之外，也不忘和朋友保持聯絡，當朋友需要你的幫忙時，你甚至會以友情為先而把情人放在一邊。做你的朋友真的好幸福！

15. 月神的獵物

　　戴安娜是羅馬神話中的一位女神，是太陽神阿波羅的妹妹。她是象徵著純潔的月神，住在森林裡，以狩獵為生。有一次，她拿著弓箭在森林裡狩獵，只見她拉弓拈箭對準了目標。你認為她瞄準的獵物會是什麼呢？

【測一測】 妳如何應對戀愛中的三角關係？

【心理解析】 在數學的世界裡，三角形是最穩定的架構。可是在愛情的天空中，三角形卻是最脆弱、最讓人心碎的情感組合。在戀愛中，每個人恐怕都不願意遇上這樣的局面：妳和妳的好友同時愛上另一個異性，由此衍生出微妙複雜的三角關係。俗話說「情人的眼中容不下一粒沙子」，更何況還是三人行？以上的選項，就是測驗妳應對這種愛情的困境所採取的方式。

看一看

❋ 選擇A

妳不喜歡輸的感覺，只要下定決心去搶，沒有條件創造條件也要去衝鋒陷陣，就算是搶人家「東西」的第三者，也要搶得轟轟烈烈、光明正大。直爽鮮明的妳，一旦遇上情敵，解決方法通常相當直接，要求對手出來pk，無論文鬥還是武鬥，一定要把事情了結掉。不過得提醒妳，對方如果也是頭獅子，很可能會兩敗俱傷。

❋ 選擇B

妳把貞節看得很重，從理性的角度出發，也會認為做第三者實在不划算，既沒名分，又要偷偷摸摸，若被親友發現妳是第三者的話還會被唾棄。所以妳對三角戀特別敏感，絕不會讓自己處於風口浪尖之上，常常會選擇主動退出。妳天性善良，總是犧牲自己來成全別人。不過妳這種最純潔、最無罪、最惹人憐愛的方式很可能會轉敗為勝，心愛的人被妳的大度所征服，委身於妳的裙下。

❋ 選擇C

妳時常做白日夢，一有機會就頭也不回的向愛情直奔過去。妳的直覺告訴妳，奪取自己喜歡的人是理所當然的，所以妳千方百計地接近對方。不過妳的手段太幼稚，根本無法取勝，還是趁早死心吧！

❋ 選擇D

妳還在幻想著戀愛，是那種為愛而愛的人。妳根本無法想像會發生任何三角關係，妳深信妳的愛情牢不可破，這種煩心事不可能會出現在妳的身上。光明正大最能形容妳的愛情觀，如果發現對方背著妳偷偷摸摸搞三角戀情，妳隨時會變成愛的逃兵。

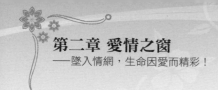

16. 司花使者

百花仙子的玫瑰園裡，有七七四十九種不同顏色的玫瑰花。妳身為司花使者，負責幫這些五彩繽紛、嬌艷欲滴的玫瑰花澆水、施肥。一日，妳貪玩來到了人間，遇到了種植白玫瑰的英俊書生，不由得產生了愛慕之情。可是，天上人間自有不同，當妳急急忙忙趕回去，發現玫瑰園裡的玫瑰全都變成了的白色。從那天起，妳被罰永遠守候在玫瑰園，直到玫瑰花恢復本來的顏色為止。面對這樣的懲罰，妳會有怎樣的反應呢？

A甘願受罰，終日以淚洗面。

B無所謂，認為全都是白色的也不錯。

C想辦法去求別的仙子，施展法術還原本色。

D和百花仙子抗爭，大不了跳槽不幹了！

💠【測一測】 你做第三者的危險係數。

💠【心理解析】 心理學家佛洛伊德研究發現，我們最初愛上一個異性時，幾乎是處於一個三角關係中。他認為，兒童到了3～5歲時，對異性父母的愛達到了一個高峰，這個階段被稱為伊底帕斯期。在這一階段，兒子渴望媽媽愛自己勝過愛爸爸，而女兒則渴望爸爸愛自己勝過愛媽媽。如果孩子成了伊底帕斯斯期三角關係的失敗者，那麼這個孩子就容易出現第三者情結。可以說，第三者情結是一種彌補，童年時，一個孩子是伊底帕斯斯期的三角關係的失敗者，長大了，這個孩子就會有意無意地渴望陷入一個三角關係中，渴望將一個異性從其情人身邊奪走，一旦成功了，就可以彌補他童年時的失敗。當然，做第三者的因素很多，以上只是針對心理層面上的測驗。

✳ 選擇A

當下的你是絕對安全的人物，心態良好並且感情專一。在你的潛意識裡，比較在意世俗的評論，絕不會冒天下之大不韙去背上第三者的惡名。保守的你認為做第三者的結果必然是麻煩一堆，才不要為了貪圖一時之快而埋下無窮後患。

✳ 選擇B

你有自己的主張，不會受他人的影響，一切只注重自己的感受。對於第三者的角色，在你認為能帶給你想要的東西時，你會堅持；一旦發現和自己的期望不符合，就會放棄。因此，你做第三者的危險係數有一些但影響不大。

✳ 選擇C

你做第三者的危險係數是很大的。你總是嘗試著去改變，但是有些東西可以改變，有些東西卻是不能改變的。在愛情爭奪戰中，你有非常前瞻的思想，高雅的社交儀態以及完美的社交手腕，堅信自己只要夠聰明、有能力就能贏得最終的勝利。不過，拋棄了別人而跟你在一起的人也許有一天會因為選擇另一個人而拋棄你。

✳ 選擇D

你做第三者的危險係數非常大。對你來說，偉大的愛情源於翹翹板，無論是對還是錯，一旦認定，就會不計後果，魚死網破也在所不惜。毋庸置疑，愛需要激情，需要無畏的付出，但是在三個人的愛情裡，只會讓自己傷痕累累。

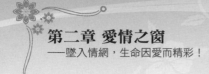

17.踩在腳下的花朵

你走在山間的小路上，欣賞著路旁迷人的風景。一路走著，你突然感覺腳底下有東西，急忙低頭一看，原來踩到了一朵花。請問，這是一朵什麼花呢？

A紫羅蘭。

B蒲公英。

C紫色三色堇。

D法蘭西菊。

【測一測】影響你們感情的因素是什麼？

【心理解析】這道問題在設計上有它暗含的意義：「被踩到的花」隱喻著你自己本身，而「不小心踩到花的腳」則代表著使你感到不安的因素。這道測驗題主要是測驗你對於目前這段感情的不安程度是多少，以及造成這種不安情緒的原因是什麼。

✳ 選擇A

就目前的情況來看，你完全沉浸在愛情的甜蜜裡，沒有任何的不安。可是，你千萬不要以為這樣就萬事大吉了，隱患依然存在。雖然眼前的一切讓你心滿意足，稍不注意就會有一連串的陷阱等著你去自投羅網。陷阱之一很可能就是你喜歡上了別人，對方信賴你當然是好事，萬一你把目光瞄向了更優秀的異性時，難免內心有點浮動，這樣會很容易傷害到敏感的另一半。即使是一點點精神上的出軌，也會葬送掉你們的愛情。所以說，影響你們感情的因素是「你自己本身」。

✳ 選擇B

一到成熟的季節，蒲公英的種子便隨風漫天飛舞，四海為家。在所有的花卉當中，蒲公英是最不能主宰自己命運的花朵。從你選擇的答案裡可以看出，你對目前這段感情有一種莫名奇妙的不安，總是擔心對方會與你分手。你有些神經質，總是疑神疑鬼，讓人感覺有點不知所措。所以，影響你們感情的因素是那種「讓對方感到不安的感覺」。

✳ 選擇C

有著紫色花瓣的三色堇，花語是「沉默不語」的意思，由此可見，「沒有共同的話題」是影響你們感情的主要因素。你對目前的這段感情感到十分煩惱，雖然你清楚地知道煩惱的原因，但總是憋在心裡，時間一長難免會產生隔閡。你出現情敵的危險性相當地高，一個不留神，對手就會趁虛而入，接下來就會產生一系列難解的「三角問題」。你現在最需要做的是，和戀人做一次徹底的長談，把深埋在心裡的想法表達出來。一般而言，你們兩人的關係還算理想，關鍵是要培養共同的價值取向。

✳ 選擇D

法蘭西菊學名瑪格麗特，是一種可以預測戀愛的花朵。由於盛開的法蘭西菊實在是太過搶眼了，所以很容易「樹大招風」，引來其他花朵的嫉妒。選擇這種花的你對現在的感情狀況十分滿意，沒有一絲一毫不安的感覺，深信自己獨特的魅力已經徹底擄獲了對方的心。由於你太過自信，很可能會因為一時疏忽，被對手偷襲成功。所以說，影響你們感情的因素在於「你過於自負」，做人還是低調一些較好。

18.筆桿販子

　　有一次，雨果出國旅行到了邊境，憲兵要檢查登記，問他：「姓名？」「雨果。」「以什麼謀生？」「筆桿子。」於是憲兵在登記簿上寫道：「姓名：雨果；職業：販賣筆桿。」 如果你有機會成為一個「筆桿販子」，你會選擇做哪種類型的作家呢？

A校園作家。

B先鋒作家。

C言情作家。

D前衛作家。

●🔸【測一測】誰是你的情敵？

●🔸【心理解析】這個世界變化太快，談場戀愛也要時刻保持警戒狀態。「情敵」，是每個處於愛情中的人都不願意看到和聽到的字眼，不管是已婚的、熱戀的，還是想戀愛的。每個人都希望自己的愛情是認真專一的，互相屬於彼此，誰也不想自己的愛情被任何不該出現的「第三者」橫刀奪愛。在戀愛中的人，也許每個人都會暗暗地問自己：「誰會是我宿命裡的情敵呢？」其實他（她）很可能就在你的身邊，但你卻一點都沒有察覺到。想知道情敵的「廬山真面目」嗎？做完這個測驗，你就不用滿頭霧水了。

✸ 選擇A

活潑可愛型的女孩是妳潛在的對手。那些看起來外表天真無邪、清純可愛，說起話來輕聲細語的女孩就是妳愛情路上的宿敵。這種女孩很有可能是在假裝純情，內心恨不得所有的男人都拜倒在她的石榴裙下。這樣的人乍看之下像是清純玉女，其實「萬人迷」才是她的真正身分，如果男朋友身邊有這樣的女子，可要小心了。

✸ 選擇B

妳的情敵是精明能幹型的女孩。如果妳心地善良，又沒什麼個性的話，很可能在這場博弈中潰不成軍。因為那種精明能幹、頭腦清晰的女孩子，很容易讓妳黯然失色。在看緊自己男朋友的同時，要努力讓自己變得優秀起來，妳的另一半才不至於被這樣的女人搶走。

✸ 選擇C

嫵媚迷人的性感型女孩是妳的冤家對頭。擁有天使般的臉孔、魔鬼般的身材的她，有著讓男人無法自持，女人妒火中燒的魅力。這樣的女孩有點水性楊花，天生就是一個喜歡搶別人老公和男友的人，她壓根兒就不會把妳放在眼裡。面對這樣的女孩，妳要學會用智慧來戰勝她，耐心等待時機，一舉收復失地。

✸ 選擇D

妳是處事一絲不苟的女孩嗎？如果是的話，妳可要注意了！那些行為放任囂張、自由散漫的女孩很可能會趁虛而入，因為她們身上具備妳所欠缺的浪漫自由的氣質，很討男人的喜歡，為此妳必須對症下藥，改變一下自己，否則後果不堪設想。

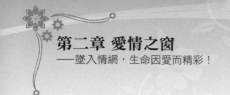

看一看（男人版）

☀ 選擇A

你是不是很懷念在校園裡的那一段青澀歲月呢？那時的你充滿著陽光和朝氣，肆意揮灑著自己的青春與熱情。如今，這一切都成了你甜美的回憶。如果在這時，你的愛情生活中突然出現一個熱愛生活、充滿熱情的競爭對手，你立刻會丟盔棄甲，敗下陣來。

選擇B

事業有成的男子會成為你的大敵。如果你的女朋友的人生目標是想找一個金龜婿，而你偏偏又很潦倒的話，那你就會很容易被對手扳倒。在這種情況下，她所能做的，是義無反顧地去尋找一個可以讓她有百分百安全感的男人。如果你真的那麼愛她，就註定一輩子要辛苦勞累的去經營這份幸福。如果你認為不值得，還是及早放了自己吧！

選擇C

成熟、談吐見識不凡的男子會成為你的剋星。對方十分陰險，善於打攻心戰，在你還沒有察覺到時，他就已經偷偷地摩拳擦掌，暗地裡向你「宣戰」了。這種男人很會營造浪漫的氛圍，有時還會故意製造「曲折離奇」的愛情體驗。所以，千萬不可大意。

選擇D

思想超前、行為另類的男人會成為你愛情道路上的絆腳石。你可以試著想像，那些高且瘦的頹廢型男，在等人時會蹲在旁邊抽菸，走路時會將下巴收在衣領裡，傍晚還會抱著吉他在角落裡彈唱，那種有一點點無望、有一點點冷漠的嬉皮式氣質，會讓小女生心裡的反叛欲望得到極大的滿足。對於這些沒有希望、沒有未來的傢伙，你要時刻保持警覺，千萬別讓你的美眉上當受騙。

19. 福爾摩斯探案

在一個寒風凜冽的日子，福爾摩斯接到了一份電報，並隨手回了電。他一言未發，看來心中有事，隨後他站在爐火前面，臉上現出沉思的神色，抽著菸斗，不時瞧著那份電報。原來在威斯特里亞寓所，發生了一件命案。憑你的第一反應，你認為受害人是如何被害的呢？

A在客廳談話時被害的。

B在廚房吃飯時，因食物中毒而死。

C在書房看書時遭到了襲擊，並因此喪命。

D洗澡的時候，被兇手溺死在浴缸裡。

E在臥室睡覺時，被人活活勒死。

💠【測一測】你對情敵的仇恨指數。

💠【心理解析】被情敵橫刀奪愛心裡一定會十分不爽。在這個時候，你是啟動腦筋，拉來一群親朋好友一齊想抗敵方案？還是威脅恐嚇，摸清對方的家底把柄來以此要脅？其實這些都沒有必要，即使你尋死覓活，上演一齣一哭二鬧三上吊的把戲也未必能挽回你的愛情。不過，看到心愛的人投入別人的懷抱，每個人的心裡都會多多少少有些恨意。下面，就讓我們一起來測驗一下對情敵的仇恨程度吧！

第二章 愛情之窗

──墜入情網，生命因愛而精彩！

看一看

❋ 選擇A

你是一個很有風度的人，可以跟情敵化敵為友，所以你對情敵仇恨的指數很低，僅僅為15%。你並不會把生活的全部寄託在愛情上，始終保持著熱情、開朗和樂觀的態度來面對生活，即使有些恨情敵，但仍然會欣賞對方優秀的一面。其實，你要搶回你的愛情並不難，只要恢復往昔的風趣幽默，再加上一點殷勤體貼，對方肯定會捨不得你。但是你的自尊心很強，根本不會這麼做。還好，你的人氣非常旺，下一個情人肯定會比現在的還要好，一定要懂得珍惜哦！

❋ 選擇B

你對情敵仇恨的指數高達99%，只要情敵一出現就會立刻呈現出發狂的狀態。你多少有點神經質，並且佔有欲極強，將戀人視為禁臠，一旦看到情敵，仇恨和嫉妒就會完全展現出來，平常根本不可能出現的歇斯底里的舉動，全都會暴露無疑。當你看到破壞自己愛情美夢的肇事者出現時，很可能會走上極端的路線，來個「寧為玉碎，不為瓦全」──就算我得不到，也絕不會讓你們這對姦夫淫婦稱心如意！所以，你還是避免和情敵接觸較好。

❋ 選擇C

你雖然不想跟情敵結為仇人，可是一想到這件事就渾身不自在，對情敵的仇恨指數大約為50%。你是那種不敢正面與情敵交戰的人，總是逃避現實，一遇到問題就躲起來。在面臨情敵時，幾乎是沒什麼反抗能力，在眼睜睜的看著情人被別人奪走後，只會可憐兮兮地在牆角暗自擦著眼淚，從嘴裡吐出一兩句阿Q式的詛咒。

❋ 選擇D

你對情敵仇恨的指數大約有35%。你壓根兒就沒有想過自己會被「情敵」擊敗，因為你對自己十分自信，認為你的魅力足以顛倒眾生。如果有哪個不識趣的傢伙竟然化不可能為可能，奪走了你的情人，你會認為你的情人是個低智商的瞎子，有眼不識泰山。

從另一個角度上來說，情敵的出現可以稱得上是一場及時雨，可以讓你名正言順、毫無愧疚地擺脫經不起考驗的情人。不過，你還是多少有點失落——這麼優秀的人都被擊敗，老天也太不公平了！

✳ 選擇E

你天生具有令人費解的矛盾性格，雖然嘴上說不會計較，可是心裡卻盤算著各式各樣殘忍的報復手段，對情敵仇恨的指數大約為85%。你是一個十分狡猾、謹慎的人，在向情敵宣戰之前，會進行一次又一次的沙盤演練，擬定出一系列切實可行的作戰方法。戰鬥打響時，你會動用一切可以利用的資源，找出情敵的弱點，不斷的迎頭痛擊，坑蒙拐騙、栽贓嫁禍，直到對手倒地投降為止。

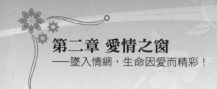

20. 夢中人的模樣

晚上，你做了一個夢，夢見和女友上街購物，走到一個拐角處，後面突然有人叫你。當你回過頭時，發現那個人正笑容滿面地看著你。你剛要開口説話，突然醒了，醒來之後，總也回憶不出夢中人的模樣。下面列舉出六種類型的人，你認為哪一種最接近呢？

A散發廣告傳單的人。

B員警。

C記者。

D同學。

E好久不見的兒時玩伴。

F幫你撿起遺失物品的人。

【測一測】哪一類情人與你最速配？

【心理解析】人與人的邂逅是一件很奇妙的事，佛説：「前生五百次的回眸，才換來今生的擦肩而過。」不管是戀人，還是未來的結婚對象，都是經過無數次的偶然才和這個人奇妙的「相遇」了。從以上的測驗中，我們可以推測出你和什麼樣的情人最「速配」。

看一看

✳ 選擇A

妳和「在一起相處時間長的人」容易速配。妳是一個現實的人，妳認為兩個人相遇並不是出自命運的安排或是偶然，而是在恰當的時間出現在恰當的地點，所以相遇了。妳不相信一見鍾情，認為只有相互瞭解了，才有可能產生愛情。所以妳和他也會從普通朋友開始，隨著時間的累積，自然而然地發展成為戀人關係。

選擇B

妳和「聰明靈巧的人」容易速配。妳是一個十分開朗的人，很容易和別人結為朋友。可是對待愛情，那就另當別論了，妳選擇理想伴侶的標準實在是太高了，以致於很難遇到合適的對象。對妳來說，情人幽默風趣的談吐，是令妳心曠神怡的「清涼劑」，而他充滿知性的談話也會讓妳受益匪淺。所以，那些頭腦好、學識淵博的人很受妳的青睞。

選擇C

妳和「藝術家型的戀人」容易速配。妳是一個極富有個人魅力的人，需要一個伯樂幫助妳散發出耀眼的迷人光彩。妳比較欣賞那些重視自己的工作，擁有自己一片天地的異性。兩個人一起讀書、一起去欣賞電影，或是聽演唱會，是最理想的休閒方式。所以，有氣質的文藝青年最能打動妳的心。

選擇D

妳和「暗戀妳的人」容易速配。妳心儀的對象遠在天邊近在眼前，只是妳一直沒有察覺到而已。要是對方能夠鼓起勇氣大膽地向妳表白就好了，偏偏他總是猶豫不決，因為他害怕失去妳這個「普通朋友」。如果妳能夠看出誰對妳有意思的話，這個人就是妳的白馬王子。對方是一個十分善良和溫柔的人，妳們一定會成為令人羨慕的一對。

選擇E

妳和「喜歡運動型的人」容易速配。妳是一個個性活潑的人，與朋友吃、喝、玩、樂時，妳總是其中的靈魂人物。所以，妳對那些喜歡運動的人或者是懂得欣賞運動的人總是很投緣。

選擇F

妳和「年長成熟的人」容易速配。妳很在意別人的看法，一天到晚老是低著頭，表現出一副心事重重的樣子。懷著滿肚子不滿和不安的妳，十分渴望能有一個誠實、體貼的年長型的人守護在妳的身邊。因此，認真、有責任感和意志堅定的人是妳的最佳人選。

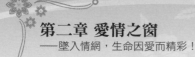

21.買盆栽

　　如今，在室內擺設幾盆或青翠欲滴或姹紫嫣紅的盆栽，已經成為一種時尚。星期天，平日裡身居鬧市、工作勞累的你來到了花卉市場，準備買盆栽來裝飾房間，你會選擇下列哪一種呢？

【測一測】 哪一類型女子最吸引你。

【心理解析】 情人眼裡出西施，不同氣質和性格的女孩都有欣賞她的對象。這大概就是上帝賦予世間男女平衡心態的最佳良方了。所以，無論環肥燕瘦還是高姚或嬌小，各種類型的女孩，都會遇到知己。古往今來，文人墨客總是把女人比做花，那麼多萬紫千紅的花朵，你到底喜歡哪一種呢？這裡所列出的五種植物，分別代表了不同類型的女性，透過測驗，可以推斷出隱藏在你內心深處，真正令你傾心的女性。

✳ 選擇A

你喜歡「風騷型」的美女，那些具有豐滿迷人的身材，渾身散發著媚惑性感的女性，雖然她的美很俗氣，但依然會令你為之沉淪。

✳ 選擇B

「幼稚型」的美女是你的夢中情人。那些長著一張娃娃臉，對任何事物總是那麼好奇，幼稚的臉孔下有一顆純真的心，身上散發著處女芬芳的女性，總會讓你心蕩神馳。

✳ 選擇C

你喜歡「淑女型」的美女。長長的頭髮，細白的皮膚，笑起來眼睛彎彎的女性，對你的殺傷力極大。就在她還沒有充分揮灑女性魅力的時候，你已經不知不覺地拜倒在她的石榴裙下了。

✳ 選擇D

你喜歡的美女類型屬於「潑辣型」。對你而言，那種乍看之下像個小男生，或者活潑開朗的中性化女性比較具有魅力。

✳ 選擇E

你喜歡「成熟型」的美女。那些生理散發出成熟的味道，思想和心理也比同年齡人成熟，處世方式很老道的女性，是你追求的目標。你喜歡在這種洋溢著母性光輝，具有包容力的女性身上尋求母親的影子，可稱得上是一種戀母情結。

✳ 選擇F

「才女型」的美女往往會讓你怦然心動。也許她的外表不是那麼讓你癡迷，也許她的聲音不是那麼悅耳動聽，但她們可以說是上懂天文，下懂地理，中間懂空氣，總而言之，會的東西太多了。和這樣的女性交往，在她舉手投足和一顰一笑中，都能體味到知性的一面，怎能不令你為之傾倒？

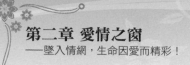
22. 兔子的眼睛為什麼是紅色的？

一天晚上，媽媽給她可愛的寶寶講童話。媽媽說：「傳說，月亮裡面有一個很大的宮殿，人們叫它廣寒宮，裡面住著一位嫦娥仙女，養了一隻兩眼紅紅的小白兔。這隻小白兔整日跟在她的身邊……」這時，寶寶瞪著那雙烏黑的大眼睛似懂非懂地問：「媽媽，小白兔的眼睛為什麼是紅的呢？」如果換成你是媽媽的話，該如何回答呢？

A 因為小白兔的尾巴太短了，別的動物總是嘲笑牠，牠感到十分委屈，整天哭泣，所以眼睛就變紅了。

B 看到那些殘害自己夥伴的大灰狼，太生氣了以致於眼睛變成了紅色。

C 小白兔喝醉了酒，所以眼睛變紅了。

D 小白兔做錯了事，受到了嫦娥的懲罰，所以眼睛變紅了。

【測一測】 他是否溫柔體貼。

【心理解析】 對男生而言，兔子就是女性的象徵，所以，透過其選擇造成紅眼睛的原因，可以分析出他對女性的態度。認為兔子是一種弱勢動物需要保護的人，他也一定會對女性十分溫柔的。這樣的男性，可以說是對女性十分認真的人。

看一看

✳ 選擇A

他認為女性都是十分軟弱的，所以總是很努力地試圖瞭解妳內心的想法及變化，即使是細微處也會留意到。妳的心裡一旦有了一點變化，他都會察覺到，總能看透妳的心思。

✳ 選擇B

他絕對可以稱得上是一個紳士，在認為女性需要保護的同時，還十分在意是否會傷及她的心理。他對女性十分關心，只是這種關心並不僅僅針對妳一個人，他對所有的女性都是這樣親切，所以請妳不要自作多情。

✳ 選擇C

他認為男女雙方是對等的，凡事講理求實。他是個不喜歡依賴別人的人，更不喜歡戀人對他有太多依賴，所以，生活中的他獨來獨往，才華出眾，對於戀人，總保持著若即若離的態度。所謂「替別人著想」的體貼，幾乎很少出現在他的身上。

✳ 選擇D

他是一個對女性十分嚴格的人，即使是對自己的女朋友也不例外。他的傳統觀念很強，認為和女朋友卿卿我我、風花雪月有失男人的尊嚴，所以刻意保持著矜持。但他絕對是一個「外冷內熱」型的人，萬一妳遇到危險或真的有困難時，他一定會第一個站出來鼎力相助的。

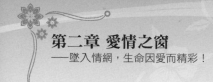

23.盛沙拉

　　一天，妳和男朋友來到一家自助餐廳，妳讓他幫妳盛一次水果沙拉，妳希望他怎麼做呢？

　　A在盤子裡裝滿了許多種類的水果。

　　B裝滿了喜歡吃的一兩種水果。

　　C裝了各種水果，分量為普通或稍少。

　　D只裝了一兩種水果，分量為普通或稍少。

　　◉【測一測】妳是否容易受騙？

　　◉【心理解析】看他是不是花花公子。餐桌上色彩繽紛的沙拉，象徵著他人生的戀愛色彩。透過他盛沙拉的方式，可以看出他對戀愛的態度。沙拉的數量和種類則暗示著他對女性的愛慕之心，種類越多，他追求戀愛的次數也就越多。

✽ 選擇A

他是一個典型的花花公子，希望盡可能地和不同類型的女孩談戀愛。對他來說，移情別戀就像吃飯、喝水那麼天經地義，根本就不會有什麼罪惡感。即使有了固定女朋友，他也會同時跟其他女生來往，並渴望著新戀情的出現。但是從另一個方面來看，因為他很能體貼女性，所以不會傷害到他真心喜歡的人。

✽ 選擇B

他是一個隱性的花花公子，雖然希望和很多女性談戀愛，但總是抱著玩世不恭的態度。要多注意這樣的男士，即使在外表上怎麼看都不像花心的人，可是一旦接近女性，在不知不覺中，就會用花言巧語引人上鉤。當然，他也會若無其事的撒謊，絲毫不會在意自己是否傷了別人的心。他身邊總是蜂飛蝶繞，桃花運不斷，對於人們的議論，他還會大呼冤枉，並且打死也不承認：「天哪，我可沒有主動追求誰呀，都是她們的錯！」這種人最可恨！

✽ 選擇C

他本質上並不花心，雖然乍看之下，會讓人覺得是個花花公子。他是那種從一而終的人，對女性也十分關懷和體貼，所以很受女性的喜愛和歡迎。為了不使他成為花花公子，必須時刻提防其他女性的誘惑。

✽ 選擇D

他是絕緣型的花花公子，盡管他嘴上有時候也會高喊著要多泡幾個女孩子，但實際上他根本沒有膽子去欺騙別人，是那種順其自然地認識、交往、戀愛進而結婚的類型。他天生實在、沉穩，在做每件事之前都會仔細權衡利弊，當發現「劈腿」是一件勞心費力非常麻煩的事，在心裡就會打起退堂鼓，根本不會表現在行動上。

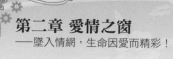
24. 送給女友的上衣

耶誕節到了，你想幫女友買一件上衣，做為你送給她的禮物。你和女朋友來到一家服裝店裡，面對以下三種款式的衣服，你們會中意哪一款呢？這道測驗題需要你們兩個人一起完成，可以各自選擇不同或相同的答案。

A MIUMIU同步新款休閒真絲上衣。

B傳統型的運動上衣。

C亞曼尼推出的一款女性夾克。

【測一測】 你和情人相互倦怠的危險程度。

【心理解析】 男女雙方經過長期的交往，彼此都有了比較深入的瞭解，神秘感漸漸消失，原始的新鮮感也不復存在。如果感情出現問題，是非常容易導致分手的。即使不分手，也會有倦怠感。為了避免這種情況的發生，需要你們給自己的愛情增加新的元素。從各自的選項中，可以看出你們是否相互倦怠。選項A，說明你有不斷向新事物挑戰的決心；選項B，說明你只能維持目前的現狀；選項C，說明你很消極，沒有挑戰新事物的勇氣，只會放任自己。接下來，透過你們的選擇，分析你和情人相互倦怠的程度。

⚫ 看一看

✳ 選擇A—A的組合

你們是一對經常以新面貌示人的情侶，每次都會在約會地點或內容上下工夫，總能給對方耳目一新的感覺，所以你們暫時不會產生倦怠感。

✳ 選擇A—B的組合

一個喜歡新事物，一個卻非常守舊，因為各自的愛好不同，反而可以相互刺激。只是除了意見分歧之外，你們之間的吵架頻率比倦怠感更讓人擔心。

✳ 選擇A—C的組合

是一對有點倦怠危險的組合。喜歡新事物的一方不斷嘗試改變，放任自流的一方卻無法配合，只有喜歡新事物的一方主導兩個人的關係，才不會有太大的問題。

✳ 選擇B—B的組合

雖然別人認為可能會有倦怠感，但你們自己卻不覺得，你們對戀愛的態度十分執著，自身的性格也十分固執，所以不會有太大的變化，屬於從一而終的類型。

✳ 選擇B—C的組合

你們屬於倦怠感危險程度很高的一對。B對C的消極、沒有個性感到不滿，C對B固執的性格也沒轍，所以倦怠感在所難免。

✳ 選擇C—C的組合

你們屬於高度倦怠感的組合，生活當中沒有亮色，如此下去是不行的，請繼續加油努力，尋找新鮮感吧！

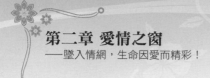

25. 從天而降的竹竿

一日，清河縣的大富商西門大官人正在街上行走，突然被一根從天而降的竹竿砸中了腦袋。他捂著腦袋，告到了衙門，希望還自己一個公道。經過都頭武松仔細的調查，終於找到了竹竿的真正主人。原來這根竹竿是賣燒餅的武大郎家裡用來晾衣服的，不知什麼原因滑落了下來。如果你是清河縣令的話，該如何認定這根惹禍竹竿的背後主謀呢？

A是武大郎的娘子潘金蓮在打掃時不小心撞落的。

B街上玩耍的小孩，用石子打落的。

C貓咪玩耍時碰掉的。

D被風吹落的。

【測一測】 你潛在的失戀危險。

【心理解析】 想要取得戀愛的成功，除了社會公認的素質、觀念以外，還有許多特殊的心理要求，比如：性格互補、志趣相同、價值觀一致、生理特徵相配等等。如果在這些方面出現了問題，戀愛就會出現危機。為了能夠將戀愛進行到底，必須找出潛在的失戀因素，將其扼殺在萌芽當中！竹竿的滑落暗示著失戀，探究其滑落的原因，可以窺探出你內心當中對失戀的潛在恐懼。

※ 選擇A

打掃是出自好心的行為，沒想到卻釀成了大禍，這表示你的好心、好意不但沒有被接受，反而出現了反效果。在戀愛中的你，總是對自己心愛的人如影隨形，甘願付出一切，但是你的行為卻往往給對方造成了壓力，使你的愛成了對方的負擔。建議你多考慮一下對方的心情，給對方一點自由的空間，如果依舊步步緊逼的話，很有可能把戀人追跑。

※ 選擇B的人

哇哦！我先問你，你是不是曾經有過被第三者介入而被判出局的慘痛經歷呢？選擇這個答案的你，潛意識中對第三者插足這碼子事很敏感，甚至還有些恐懼。如果你的戀人一旦有了外遇，你不但不會指責他，反而還會自責。這種消極的個性，往往會使你收拾行囊離開，主動退出戰局。建議你對愛情積極些，面對入侵者，要鼓起勇氣迎戰。

※ 選擇C的人

你真得很酷、很有個性！你是個相當有想法的人，總是按照自己的意願來處理事情。不過正因為你挺自我的，所以缺乏協調性。就算你真的喜歡上了一個人，當和對方的觀念、興趣產生衝突時，你還是很難遷就對方的。對你來說，個性不合是造成你失戀的最主要原因。其實要找到一個百分百契合的伴侶根本是不可能的，要學會讓步才對。建議你對別人的生活模式多尊重一點，你就可以得到意想不到的效果哦！

※ 選擇D的人

你一定是個開朗灑脫的人。「風是自然現象，誰也無法避免。既然竹竿被風吹下來傷了人，賠償些醫療費、精神損失費不就結了嗎？」你一這麼想，立刻就會換上好心情。你凡事都向前看，對於發生在你和戀人之間的諸多小麻煩，你都會妥善地化解掉。失戀的潛在恐懼對你來說簡直是天方夜譚，所以你根本不用擔心你的戀人會離你而去，人家才捨不得走呢！

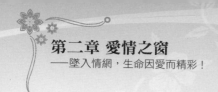
26.叢林裡的山洞

　　你在野外探險的時候，不小心迷失了方向，像隻無頭蒼蠅一樣在深山裡亂闖。這裡叢林繁茂，藤葛披拂，你走著走著突然發現上方的山崖上有一個石洞，洞內十分寬敞，像一座天然大廳，洞頂山岩突兀，怪石猙獰。此時此刻，你會聯想到這個山洞最有可能發生過怎樣的故事呢？

　　A曾經有一對男女就在這裡跳崖殉情。

　　B這是一對偷情的人幽會之地。

　　C一對失散多年的戀人在這裡破鏡重圓。

　　D古代的一位將軍和敵國的公主私奔時經過這裡。

【心理解析】面對失戀，我們應該理智的放下這段感情，過去的就讓它過去，無論你如何傷心都無法挽回了，你要學會放下，才能在內心中真正成熟起來。失戀就像是足球比賽中的一個越位進球，當你跑到場外忘情慶祝的時候卻發現邊裁舉旗主裁吹哨。這沒有什麼，重新來過吧！

看一看

✳ 選擇A

你是「過往雲菸樂天派」，內心雖然失落、無助，但很快就會重拾心情，忘我地投入工作。而工作的成績，將會是你最好的療傷藥。但是，你的自我主觀意識較強，認為自己凡事皆對，所以一旦失戀，往往會把責任推到對方身上，因此很快便能擺脫失戀的陰影。由於你缺乏自我反省能力，無法從失戀的經驗中得到任何的教訓。

✳ 選擇B

你一旦遭遇失戀，就會怨天尤人，往往歸咎於命運或緣分，認為這不是自己所能掌控的。但事實上，你喜歡逃避，害怕為自己的行為負責，不敢面對自己的過失。

✳ 選擇C

你個性優柔寡斷，雖然時時告訴自己：「算了，想開一點吧！」但過了一段時間之後，還是會勾起痛苦的回憶。

✳ 選擇D

個性有些消極的你，會不斷地唸叨著 「怎麼可能會這樣？」「我不相信！」失戀傷痛久久無法平息。你整日陷入自責和苦悶中，遲遲不肯迎向新的戀情。其實戀愛不過是人生中的一個過程而已，得失不必看得太重。

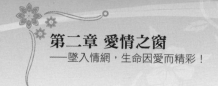
27.噩夢驚魂

　　這是一位中年女性所做的夢，她夢見自己在年輕時，帶著她的愛犬在森林中散步。突然雷聲大作，周遭頓時陷入一片黑暗。就在這時候，可怕的事情發生了……

　　你認為會發生怎樣恐怖的事呢？

【測一測】 你對愛情的自信程度。

【心理解析】 如果你想主動愛別人，並且恰當地接受別人的愛，必須用積極的態度來看待自我，並保持良好的感覺。二十世紀心理學大師馬斯洛研究發現，心理健康的人大部分都能夠接受自己和熱愛自己。這就是說，真正自信的人才會有心理承受力，才會接受對方的優缺點，才會承擔起愛的責任。自信的人總是充滿魅力，試想，一個對自己都沒有信心的人，如何去接受別人的愛呢？

✳ 選擇A

你乍看之下自信滿滿，實際上，對他人卻有強烈的害怕傾向。當別人指出你的缺點或弱點時，你通常會自我崩潰。追根究底在於你過分在意別人的看法。建議你想開一點，畢竟你是你，別人是別人。在你和戀人交往的過程中，為了避免不必要的衝突，始終對戀人保持一種不冷不熱的態度，讓人覺得你缺乏戀人間應有的熱情，其實你心裡害怕失去愛。

✳ 選擇B

你多半是比較缺乏自信的人，不是害怕被人取笑，就是害怕丟臉。你總覺得大家都盯著你看，其實，別人並不如你所想的那麼在意你。行之有效的方法就是擁有一項值得向人誇耀的特殊才能，以建立自己的自信心。在愛情上，你害怕別人說你做得不好，總是竭盡全力滿足對方，這種全心全意為對方付出一切的奉獻精神值得欽佩，但你是否問過自己，你是真的很愛對方，還是在愛情上缺乏自信？

✳ 選擇C

火焰代表自我的成長，從這裡可以看出你從人際關係中已經學會了適應社會的能力。你擁有適度的自信，與人相處絲毫不成問題 。在戀愛中，你對戀人的愛過於自信而且毫不動搖。充滿自信雖然是件好事，但是不能凡事只考慮自己，否則在無形中會給對方太大的心理壓力。

✳ 選擇D

你自信過頭、目空一切，到了自高自大的程度。你覺得別人都應該圍著自己轉，這是自私的表現。建議你在工作和愛情上要經常站在對方的立場上考慮問題。

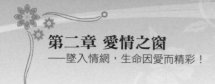
28.偶然間想買的東西

你百般無聊時去街上散散心、走一走，等到想回家時，又覺得空手回家怪怪的。於是，你決定買一樣東西帶回家。偶然間的決定，當然隨意性較大，你希望買什麼呢？請在以下答案中任選一項。

【測一測】 你對愛情的要求。

【心理解析】 愛情是什麼？畫家說，愛情是浪漫的紅色；植物學家說，愛情是嬌艷的玫瑰花；生物學家說，愛情是靈與肉的結合；心理學家說，愛情是對美好情感的一種高值期望。在我們的現實生活中，許多人都會對愛情有著美好的憧憬和希望，都會為追求美好愛情而不懈努力。有的人為了愛情茶飯不思；有的人為愛情癡心不悔；也有的人會因為愛而迷失自我。這些在愛情中徘徊的男女，對美好愛情都有著各自的期望值，無非是想在自己短暫的生命里程中擁有一份美好而幸福的情感生活。然而，並不是每一個人都能一帆風順，每件事都如願以償。有很多人，在愛情世界中往往不盡如人意、事與願違，常常會出現或多或少的無奈，因為失去愛情而苦惱和悲傷。如果把期望值降低一些，或許你會從容淡定一些，其實愛不僅僅包括愛情，還有很多。

✹ 選擇A

癡情的你，對愛全心地投入，也要求對方堅定不移的愛你。你把一切想得太美好，一旦受傷，久久難以恢復。「糊裡又糊塗」是你在情路上最好的寫照，你認為只要全心全意地投入，對方也一定會如此回報你，且理所當然應回報於你，因此在不知不覺中，你對戀人的要求較為苛刻。我們給你的建議是，請試著退一步看問題。對愛情執著是好的，但萬一你們的緣分已不再，別一心試圖喚回對方的愛。過去的，就讓它過去吧！

✹ 選擇B

生活中的你非常現實，從來不會委屈自己，讓自己舒舒服服是你的目標，愛情中的你也不會為了愛一個人委屈求全，雖然偶爾衝動，但最終理智會佔上風，因此，在情路上你通常不至於吃虧。你的毛病是，有時太計較得與失、施與受的平衡，會讓人覺得你不夠真誠。

✹ 選擇C

身在情海中的你，常常游移不定，搞不清好情人在哪裡。愛起來，你會不顧一切，即便背著第三者的名分也無所謂，可惜你這種熱情太不持久，三天不到，你又覺得當初選擇有誤，於是立刻收兵回營，另覓良枝。在愛情上三心二意的你，雖在乎自己的感覺，卻往往搞不清自己的感覺，因此時常心無定所。還是安靜一點好，先弄清自己，再全力出擊，才會得到你夢想中的情人。

✹ 選擇D

你對愛情的要求是比較高的，對方如果不是魅力十足，或者是沒有能力提供你所渴望的浪漫生活的話，你們多半無緣牽手。你受的教育程度較高，因而對生活品質的要求有別於常人，不僅要富有情調，而且要高雅精緻，能辦到的人恐怕不多。記住了，太挑剔會使你失去很多機會，年華易逝，還是現實一點好！

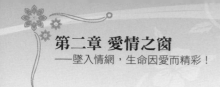

29. 遭遇鯨魚

你和愛侶在一艘豪華的遊艇上度蜜月時，海面上突然颳起了狂風，你的愛侶不幸被吹落水中。正在這時，一隻鯨魚游了過來，一口將在水裡拼命掙扎的愛侶吞入腹中。在這個危機的時刻，你會採用什麼方法救他呢？（讓妳的另一半來選擇，妳來看結果。）

A 剖開鯨魚的肚子。

B 等待鯨魚噴水。

C 向鯨魚噴催淚瓦斯。

D 撬開鯨魚的牙齒，鑽進肚子裡去營救遇難的愛侶。

●●【測一測】當愛情遭遇滑鐵盧時，他會用什麼方式和你分手。

●●【心理解析】兩個人從相識、相知到相愛，在交往一段時間後，或是因為不得已的苦衷，或是因為彼此的性格所致，最後不得不選擇分手。為了愛情分手，的確讓人傷心欲絕，但是分手總是有理由的。畢竟在這個社會上，愛情有著太多的牽絆，如果你們不能改變什麼，那麼就順其自然，讓自己過得更快樂些吧！唯一的問題就是，分手應該怎麼分？在分手時，一定要注意自己所採取的方式，將傷害盡量減少到最低。是做敵人？做朋友？還是做最熟悉的陌生人？你一定要好好把握哦！這道測驗題就是為了讓妳瞭解到，對方是一個會用什麼方式來分手的人。問題中的預設狀況，是情人處於危機中的場面，因此，可以從對方的答案中看出面臨分手時，他所採取的應對方式。

✳ 選擇A

當兩個人的愛情走到盡頭的時候，他會採取單刀直入的方式來終止這段感情，將從前的過往統統掩埋，做法乾脆俐落、毫不拖泥帶水。當他把「分手」這個晴天霹靂扔出來之後，絕不會去安撫妳的情緒。如果妳想上演一幕「一哭、二鬧、三上吊」的悲劇來打動他，根本就是白費力氣。在常人眼裡，這種男人真的很絕情、很令人厭惡。這時，妳不妨瀟灑地接受這個事實，免得傷痛越來越深。

✳ 選擇B

對於分手這麼殘忍的事情，他是不會主動提出來的。他是一個順其自然的人，當他覺得一段感情淡了，想要分手時，他的做法往往是順應「天意」，或者是想辦法讓對方提出來。這種人在面臨分手時，最突出的表現是：他總覺得有很多事不必說得太清楚。因此，兩個人的關係不明不白地結束，往往成為妳情感上的致命傷。

✳ 選擇C

當他要和情人結束戀情時，會採取比較委婉的方式。他常常會以「我配不上妳」、「我無法給妳想要的幸福」、「離開我，妳會過得更好」之類的話來做藉口，如果他的手段不太高明的話，很有可能弄巧成拙，被妳識破。比如說，當他想分手的時候可能會說他的父母反對妳們在一起，結果沒過幾天，他媽媽卻打電話來，熱情地問妳為什麼不到家裡玩。遇到這種抓瞎的狀況，妳一定會有一種受愚弄的感覺。當然這種分手的方式，也許不那麼令人傷心吧！

✳ 選擇D

他和妳分手時，很想和妳好好談一下，希望取得妳的諒解。他會千方百計向妳解釋分手的原因，說服妳接受不能繼續在一起的事實。因為他不願意冒險去背負任何分手後的責任，所以會站在妳的立場上好好的設想。由此看來，這不失為一種理想的分手方式。

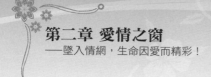
30.選擇桌位

一位父親很想知道他整天無所事事的兒子將來會選擇什麼樣的職業，於是問道：「我想知道你喜歡做什麼？現在是你選擇的時候了。」「我所喜歡做的？爸爸，這很簡單，」年輕人說道，「我想整天坐著汽車兜風而且口袋裡裝滿了錢。」「你的職業總算是找到了。」父親鬆了一口氣說，「你想做一位公共汽車售票員。」當然，這只是個笑話而已，如果你想知道自己是否介意戀人的職業，不妨來做下面這道試題：上餐廳選擇桌位時，你會希望你的伴侶選擇哪一張桌子？

A靠近門邊的桌子。

B能夠清楚地看到侍者送來食物的桌子。

C靠在角落裡，不引人注目的桌子。

D位於餐廳中央的桌子。

E隨便在哪裡都行。

【心理解析】如果對方即將成為你（妳）的戀人，你會對他（她）的工作格外關注，這是合乎常理的事情。再者，從工作的內容來看，也能夠瞭解對方的性格等情況。選擇桌位是對方經常性的習慣所致，這也正好反映出其個性來，由此可以分析得出，對方適合哪一種性質的職業。

看一看

※ 選擇A的人

不拘泥小節，屬於乾脆爽朗的性格。能夠積極地處理與他人的關係，適合從事業務或服務性質的行業。

※ 選擇B的人

興趣與愛好十分廣泛，富有創造力，能夠想出許多人們所沒有想到的點子，而且，審美觀奇佳。因此，對於能夠活用這方面構思的職業，具有非常好的適應性。

※ 選擇C的人

不善於與人打成一片，是屬於活在自己的世界中，只有按照自己的想法和步調來做事，才得以使工作進行下去的類型。就具體的職業而言，適合從事研究或管理的工作。

※ 選擇D的人

可以說是內心強烈傾向於希望經常受到眾人注目的類型。比較適合從事一般人認為很時髦的工作，比如廣告人員、演藝人員等。

※ 選擇E的人

適應性極強，無論從事什麼樣的工作，都可以得心應手。

31. 房間裡的椅子

一個女孩子有一把椅子，其實她可以很舒服、很輕鬆地坐在椅子上享受自己的人生。結果有一天，她愛上一個男孩子，他總是站著過他的人生，因為他沒有椅子。於是，女孩子就把自己的椅子讓給了他，讓他不再感覺到累。男孩子坐在椅子上，享受著自己的幸福生活，卻忘記了給他椅子的那個女孩，甚至從未想起，有這麼一個女孩子，為他的幸福付出了自己唯一的椅子、唯一的快樂。女孩子在房間裡站著，日復一日地等待，日復一日地失望，直到有一天她碰到了一個願意送給她椅子的男孩。如果你是那個男孩的話，你會送什麼樣的椅子給那個傷心的女孩呢？

A兩邊都有扶手，很華麗的椅子。

B沒有扶手，木製的，結實牢固的椅子。

C剛好可以坐的圓形椅子。

D日式的不帶椅腳，有靠背的座椅。

【心理解析】就題目中所涉及的情況而言，首先要強調以下幾點：所謂的房間，就等於是居住的場所，在某種角度上意味著婚姻生活。椅子是地位的象徵，它和個人的收入有著直接的關聯，因此，一旦問及你選擇什麼樣的椅子時，就是在暗示你希望即將和你步入婚姻殿堂的另一半的收入有多少。

看一看

※ 選擇A的人

不但希望椅子華麗，還要求兩邊有扶手，乃是意味著「無論自己有什麼樣的要求，都要滿足自己高收入的願望」。

※ 選擇B的人

從「木製的、結實牢固的」這些關鍵字來判斷，所希求的可以說是「安定的收入」。

※ 選擇C的人

由剛好可以坐，這個極為典型而基本的條件而言，對於收入的要求是「夠用就可以了，但不致於到入不敷出的程度」。

※ 選擇D的人

可以認為是完全不在意對方收入多少的人。日式的座椅，可以折疊，搬運起來很方便，象徵著一種居無定所的生活。就個人的心情而言，只要能夠在一起就好了，根本不會在意對方是貧窮還是富足。

32. 手影圖的象徵

　　小時候家裡經常停電，一盞煤油燈或幾根蠟燭陪著我做作業、聽奶奶講故事，也陪著我玩耍。當時很喜歡的一個遊戲是玩手影，在燈前用自己的手在牆上映出各種影像，有小鳥、有狗狗、有馬頭、有老鷹……很經典吧！恐怕是現在那些在光明底下成長起來的小孩沒辦法體會到的。上面是兩個簡單的手影圖，請你根據直覺來判斷，你所聯想到的字眼是什麼？

A憂慮。

B畏縮。

C協調。

D對立。

【心理解析】在戀愛中的兩個人，經常會發生有一方犯了見異思遷的毛病。尤其是其中一方將對方視為結婚對象的情況下，如果對方有與其他異性接觸的行為，就真的是犯了錯了。上面的手影圖，不由得使你產生由石頭、剪刀和布所組合而成的印象。不必作過多的考慮，只要透過你的直覺做出判斷即可。從心理學上來看，這是你發覺到對方有見異思遷的行為產生時，將採取何種應對方式的一種判別方法。

看一看

※ 選擇A的「憂慮」

在對方見異思遷時，常常會陷入「不知該如何是好」的境地，因此產生了許許多多的煩惱和憂慮。

※ 其次是B的「畏縮」

此種類型的人，對於突然發生的事情不知該如何應付，時常會感到驚慌失措。

※ 選項C的「協調」

又該如何解釋呢？此類型的人照理說會對見異思遷的行為持批判態度，但是卻仍能夠有技巧地接納對方。

※ 選擇D的「對立」

此類型的人不可能會原諒對方的行為，常常會演變成曲終人散的結果也說不定。

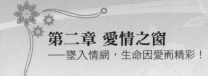
33.白雲遮住的山峰

一位畫家在湖邊作畫，他在畫布上描繪了兩山相連的美麗景致：左側的山峰高聳入雲，筆直峭立；右側的山峰同樣也是高大巍峨，毫不遜色。不過，一片白雲遮住了這座山峰的頂部，使你很難判斷出它的高低。如果去掉那片白雲的話，你認為右側的山峰應該是什麼樣子的呢？（讓妳的另一半來選擇，妳來看結果。）

A比左側的山峰高。

B兩座山峰一樣高。

C比左側的山峰低。

【心理解析】心理學認為，一個人在面對想要得到的東西，卻又無法得到的時候，會產生一種補償式的心理。這種心理如果設定得好，就算得不到心中想要的目標，也不會耿耿於懷；相反，如果設定得不好，那個人很可能死盯著心中的目標不放。這也是有的人為什麼會舊情復燃的深層心理因素。也許他曾經愛過一個人，對方也愛著他，但終究因為某種原因，未能在一起。許多年過去了，他有了新的妳，是否還對以前的情人念念不忘呢？現在，妳就可以利用這道測驗題，來解開他心裡的秘密！

看一看

☀ 選擇A

對他來說，愛還是不愛，是清清楚楚、明明白白的事情，絕不會有中間地帶。從某種角度來說，他對過去的戀情最冷酷、最現實，即使他們曾經是如膠似漆的伴侶，當一切結束時，他也不會再有愛的感覺產生。雖然他偶爾會提起過去的情人，也不過是把過去的經歷當成人生的一種經驗而已。他永遠向前看，永不後悔，在經歷了分手的痛苦之後，會很快褪去那層又乾又破的舊殼，鼓足勇氣面對全新的生活。因此，妳在他面前不必刻意迴避關於他以前戀情的話題。

☀ 選擇B

他喜歡的異性都是同一種類型的。最初，他和妳相識的時候，也許就是因為妳和他以前的情人有某些類似的地方。但是，現在妳大可放心，他已經被妳的魅力深深地吸引了。像他這樣的人，可以說是把補償心理處理得恰到好處，根本不可能是舊情復燃的類型。如果妳想和他維持長久的關係，千萬不要在彼此的談話中，提起有關過去的事。

☀ 選擇C

他對昔日的戀人一直都念念不忘，難以忘記傷痛和曾經的愛，常常在夜深人靜時獨自傷懷。如果妳不想失去對方的話，千萬不要責罵他，畢竟時間能夠沖淡一切記憶。妳現在所要做的是耐心地等待他愛情的傷口癒合，用溫柔和包容贏得他的心。

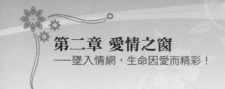
34. 埃及豔后的晚宴

埃及豔后克莉奧佩特拉在王宮裡舉行了一次晚宴，對她心儀已久的凱撒大帝也在受邀的七個人之列。你認為他會選擇坐在哪一個座位上呢？（讓妳的另一半來選擇，妳來看結果。）

A 緊挨著克莉奧佩特拉的座位。
B 與克莉奧佩特拉中間隔一位客人。
C 坐在方桌的最遠端。
D 坐在克莉奧佩特拉的對面。

【測一測】 他會不會竭誠地效忠妳。

【心理解析】 埃及豔后克莉奧佩特拉在性象徵的領域中，佔有極負盛名的地位。有人說她是「尼羅河畔的妖婦」、「尼羅河的花蛇」；有人說她是世界上所有詩人的情婦；還有人說她是世界上所有狂歡者的女主人。在本測驗題中，藉助於克莉奧佩特拉對男性所具有的潛在的性魅力，來引出男性心中的不安分的因子。以上的測驗題是根據美國心理學家索馬門的研究所設計的，從相對於主辦者座位的遠近中，可以看出客人對於主辦者所抱持的態度。最靠近克莉奧佩特拉的位置A席是支持型，B席是協助型，C席是疏遠型，D席則是對立型。

✳ 選擇A

他是妳最忠實的「奴僕」。他是那種從認識妳開始，就會竭誠效忠妳，努力讓妳覺得很快樂的人。他對妳死心塌地，唯命是從，說穿了，妳是他心目中的崇拜對象，甘心永遠拜倒在妳的石榴裙下。如果妳對他說：「最近我是不是胖了？」他就會立刻奉承妳說：「我完全沒有注意到，像妳這麼苗條的人，怎麼吃都不會胖的！」如果妳是一位女王，他一定是個最忠心的僕役。

✳ 選擇B

他是妳很好的「參謀」。無論妳遇到什麼樣的困難，他都會陪在妳的身邊，共同跨過障礙。當妳感到孤單無助時，他會適時出現在妳的面前。他和妳交往時，對妳毫無隱瞞、坦誠相待，如果妳對他存有隱私的話，將會使他十分反感。所以，如果妳真的很欣賞他，願意付出自己的全部，就對他敞開心扉，好好珍惜他對妳的愛吧！

✳ 選擇C

他是妳「冷漠的情人」。他這種類型的人有自己對愛情的一套看法，認為一夫一妻制只是約定俗成的一種規則而已，對他並不適用。如果妳打算和許多不同的男性自由交往的話，他倒是一個很好的人選。因為他並不會干涉妳和其他的男性交往，所以妳可以有相當大的自由空間。

✳ 選擇D

他是妳的「對手」。他是那種無論發生什麼事，都會用積極的態度，自己獨立解決問題的人。因此，他也會要求自己的伴侶必須自立，不能依賴別人。如果妳是一個茶來伸手、飯來張口的嬌小姐的話，那大概就無法合乎他的要求了。

35. 女友喝過的咖啡

你和女友在喝咖啡時,女友喝了一口對你說:「我實在是喝不下去了,剩下的你來喝吧!」當時你的女友正患感冒,面對剩餘的咖啡,你會做出什麼樣的反應呢?(讓妳的另一半來選擇,妳來看結果。)

A 毫不猶豫,一飲而盡。

B 從她的嘴唇沒有沾過的那一端喝。

C 以「我也喝不下了」為藉口,委婉地拒絕。

D 直言不諱,一口回絕。

◉【測一測】他是否真的愛妳。

◉【心理解析】「你到底愛不愛我?」這是無論單身還是有伴侶的人都會感到困惑的問題。緊接著可能就會討論到「愛是什麼」的話題。好了,我們到此為止,也許愛有很多種,方式也不同。但是,這個世界上唯一不能被人為控制的「愛情」的表現還是可以分辨的。怎麼分辨呢?讓我們從一杯帶有病菌的咖啡中找到答案吧!

✳ 選擇A

他屬於單純的當機立斷型。從表面上看，他沒有絲毫的介意，實際的表現卻是十分輕率。感冒被視為萬病之源，以損害自己的健康來打動對方，向對方表明愛意的舉動，實在是很荒謬的。想用「同命相憐」的辦法來獲得愛情，本身就是不真誠的。一個連自己都不愛的人，怎麼可能會去愛別人呢？請他冷靜想想吧！

✳ 選擇B

他可以稱得上是個體貼的人，但是這種體貼真誠嗎？即使對方尚未發現妳不重視他對妳的好感，但是也不可以明顯的付出行動。或許這是對方在有意試探妳，而妳卻故作聰明地作秀，其實早就被識破了。他到底要不要接受妳的感情，最好拿出誠意來，別再演戲！

✳ 選擇C

採用這種委婉的拒絕方式，說明他是一個世故的人。這種人在工作中屬於善於鑽營之輩，在愛情上由於擅長彌補過失，即使是撒謊也不致傷害到妳而能蒙混過關。只是謊言總有被揭穿的時候，萬一真的東窗事發，最好能坦白向女友解釋清楚，一味地隱瞞反而會把事情弄糟。

✳ 選擇D

他是真正瞭解妳的人，也是真心體貼妳的人。他的個性正直，認為兩個人相處沒有撒謊的必要。本來病從口入是眾所周知的道理，不需要編其他的理由來搪塞。再者說，兩個人都病了，誰來照顧妳呢？雖然這種直言不諱的方式會讓妳感到很不舒服，但是發自內心的真誠肯定會贏得妳的芳心。

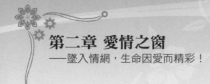

36.理想之屋

單身的你搬進了一棟公寓裡，你將如何利用其中的一間採光十分良好的房間呢？

A用來做寢室。

B做客廳。

C放置書桌和書架，設計成書房。

D放張餐桌當作餐廳。

E做健身房。

●●●【測一測】你對婚姻生活的嚮往指數。

●●●【心理解析】做為每一個個體的人，對婚姻生活的嚮往和渴望，都會在每一個寂寞的時刻如野火般燎原。下面的測驗，就是探究你的內心深處對告別單身的強烈程度。

❈ 選擇A

嚮往指數50％。你眼光很高，或者說你寧缺勿濫，因此你會慎重選擇結婚的對象。即使是有了意中人，也一定要考量和自己各方面是否契合。你做任何事都要三思。結婚這檔終身大事，你最少也要觀察個十年八載，然後存一大筆錢，才會考慮結婚。由於你選擇的條件很高，所以多為相親結婚的類型。

選擇B

嚮往指數85％。你很喜歡熱鬧，平日裡總是男女朋友齊聚一堂，因此你談戀愛的機率很高。你很有個性，一點也不在乎別人怎麼說、怎麼想、怎麼看，只相信自己的感覺和判斷，這樣的你，一旦愛上了，心裡認定了對方，很快就會跳入婚姻中。你很有可能在戲劇性的戀愛之後有閃電結婚的衝動和要求。

選擇C

嚮往指數10％。你是一個非常忠於自己的人，絕對不會因為外在因素而破壞自己的原則。你覺得人生的意義是不斷地努力工作，所以你在工作中很容易進入忘我的狀態，很少去考慮自己的終身大事。直到位高權重、經濟充裕，你才會考慮自己是不是應該有個伴了。其實，人總是要有個人生伴侶才好，這樣才不會孤零零的過一生。

選擇D

嚮往指數99％。你是一個滿懷著「轟轟烈烈的愛情」、「創世紀的豪華婚禮」、「白馬王子」、「麻雀變鳳凰」等諸多浪漫幻想的人，對婚姻充滿了美好的憧憬。由於你的理想過高，往往很難如願，很可能會晚婚。

選擇E

嚮往指數5％。你是一個相當不把愛情當一回事的人，在你的人生中有太多比愛情更重要的東西。對於結婚，你更是絕緣，很容易變成「單身貴族」。

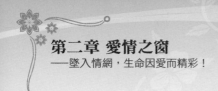
37. 鸛鳥嘴裡銜的東西

　　丹麥民間流傳著許多關於鸛鳥的故事，這種鳥生活在炎熱的尼羅河畔，只有夏天才飛到北歐來避暑，牠們就像燕子一樣在人們的屋頂上築巢，生兒育女。鸛鳥在北歐人中引起了許多幻想，同時也獲得了北歐人對牠們的特殊好感。安徒生在他的童話裡就生動地描述過丹麥人對鸛鳥的情感。如果有一天你正在丹麥觀光，一隻美麗的鸛鳥嘴裡銜著某物，從遙遠的尼羅河畔向你飛來時，你認為鸛鳥所銜著的是什麼東西？

【心理解析】 鸛鳥在丹麥的傳說中，是一種能夠送來嬰兒的鳥，換言之，牠具有「送來幸運」的象徵性。在本問題中，鸛鳥意味著能給你帶來幸福，這個幸福正是婚姻所追求的。為了能使你順利地步入結婚的殿堂，「希望對方向你表白什麼」，正是鸛鳥所銜之物所隱含的意義。

看一看

※ 選擇A
四瓣的幸運草，是幸福的象徵，選擇A的人希望對方向他（她）表達「由衷地感到幸福」之類的言語內容。

※ 選擇B
是昂貴物品的代表，選擇B的人內心當中所隱含的願望是，希望對方表示「不管花多少金錢，只要是你喜歡的東西都會給你買來」這類言語的意思。

※ 選擇C
與燃燒物有直接的關聯。因此，選擇C的人，在潛意識裡期待對方用激烈熱情的言語來表達似火的愛情。

※ 選擇D
嬰兒正是家庭生活存在的象徵。選擇D的人，具有希望與伴侶攜手共築愛巢的強烈欲求。因此，選擇本項答案的人乃是渴求能夠充分滿足該項心理的承諾。

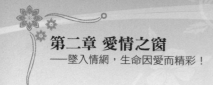
38. 道別的方式

每次約會分手的時候，他會採用什麼樣的方式和妳告別呢？（女生版測驗）

A 妳離開後，他還一直注視妳的背影。

B 深情凝望著妳的眼睛然後道別。

C 道別時會握起妳的手，甚至想親吻妳的手。

D 頻頻揮手。

E 輕鬆地道別，頭也不回地轉身離去。

【測一測】 妳該如何關心他？

【心理解析】 德國著名的心理學家弗洛姆說：「愛是對所愛對象生命和成長的積極關心。如果缺少這種積極關心，就根本沒有愛。」可見關心在愛情中的份量。愛的表現之一就是關心所愛對象的感受和需求，並隨時準備滿足這些需求。戀人之間細膩、無微不至的關心，可以使人心生暖意，增加愛情的甜蜜。在愛情中，真正的關心是細心觀察對方所需的，做到雪中送炭。

✳ 選擇A

他是個非常體貼、善解人意的人，對情人的照顧可說是事無巨細到了極點，如果妳喊一聲頭好痛，他就會立刻要妳去做全身健康檢查。他很在乎與妳之間的感情，在交往的這段時間內，他會很體貼、溫柔，盡量配合妳的要求。他常常因為擔心無法得到妳的愛情而苦惱，因此，此刻妳對他有任何不滿意的地方，是最佳討論的時機。

✳ 選擇B

看著妳的眼睛說再見，說明他很喜歡妳，但是有許多話沒有向妳表白。也許他不善於表達感情，所以妳應該製造機會，讓他向妳訴說清楚。這時就需要妳拿出女性特有的溫柔來關心一下對方，不能總是索取，該奉獻的時候也要奉獻。

✳ 選擇C

握手說再見是個少有的舉動，如果他真的這樣做了，表示他和妳相處非常愉快和充實。另外，還暗示著他對妳有性方面的欲望，他被妳的外表所迷惑，深深被妳吸引，想要擁抱、親吻妳，這時妳要提高警覺，千萬不要與他到昏暗的場所和可以單獨相處的地方去。

✳ 選擇D

他一再向妳揮手，表示他很捨不得離開妳。如果他這樣做了，也希望妳會這樣做，屬於禮尚往來的人。

✳ 選擇E

他有些粗枝大葉，對於討好女性這檔事可說是遲鈍到了最高點。為人比較樂天，不拘小節，凡事喜歡直接的他，乍看之下頗為冷淡，但在緊要關頭他一定全力保護妳，是個重視家庭的人。如果妳希望他是個好情人，必須主動教導他，否則他永遠學不會。

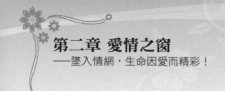

39. 裸體女郎

　　這裡是南太平洋上的珊瑚島，白沙、翡翠色的海、彷彿可看透的藍天，構成一幅美景。在波浪拍打的沙灘上，有一位美女獨自漫步，海風吹起她的金髮，她擁有健康的肌膚，還有模特兒般的惹火身材。最吸引人們目光的是，她竟然一絲不掛！妳和男友正巧也在這裡度假，這時有人對妳說：「那個美女對妳的老公拋媚眼呢！」妳會有怎樣的反應呢？

A 不為所動，看男友是怎麼想的。

B 立即問男友：「從實招來，到底有沒有這回事？」

C 感到自己受到了威脅，必須想盡辦法清除障礙。

D 打電話給閨中密友，向她求助。

E 對男友抱有信心，相信自己的感覺：「我們絕對沒有問題的！」

　　✦✦✦【測一測】妳愛情道路上的絆腳石。

　　✦✦✦【心理解析】戀愛並不是一切皆如妳所願的，心中雖想著這樣好像很圓滿，卻總是出現破綻，緊要關頭卻變得膽怯，無法坦誠面對自己的心情，在自己心中出乎意料地隱藏著阻礙戀愛的東西。這個測驗，就是要檢驗妳愛情道路上的絆腳石到底是什麼？

看一看

※ 選擇A

妳是個溫順的愛情動物，不喜歡任何形式的爭鬥，一旦情敵出現，就會成為橫亙在妳們愛情之路上的一座難以逾越的高山。面對這種情況，妳通常會採取消極的態度，不敢與之衝突。這種不抵抗政策正中情敵下懷，對方會更加肆無忌憚地搶關奪寨，直到妳落荒而逃為止。和平解決畢竟是好事，但是狹路相逢勇者勝，妳一定要拿出競爭的勇氣來，不然別人還以為妳是病貓呢！

※ 選擇B

妳保護自己的意識相當強，即使對方很真誠地追求妳，妳也會疑慮重重，生怕對方另有所圖。甚至是妳真的與對方交往了，也不肯放鬆警覺，一臉階級鬥爭的表情，因此妳們常常會發生爭執。其實，妳愛情道路上的絆腳石就是太注重自己的感受了。建議妳站在對方的立場上想一想，相互信任愛情才會長久。

※ 選擇C

愛情就是妳的維他命，為了愛情妳可以不顧一切。但是愛情並不能當飯吃，關鍵時刻還得有麵包。沒有數字觀念的妳，偏偏對金錢的欲望挺淡泊，所以，缺乏麵包會成為妳愛情道路上的攔路虎。收支不平衡的窘況，妳大概不陌生吧？愛情誠可貴，生活更現實。奉勸妳少想一點風花雪月的浪漫故事，多關心一下柴、米、油、鹽的現實生活！

※ 選擇D

妳是不是十分嚮往賓客雲集、熱鬧非凡的婚禮呀？因為妳需要聽到支持和喝彩的聲音。得不到祝福的愛，當然就成了妳愛情的絆腳石了！如果妳們的戀情得不到周圍人的支持，雙方的父母還激烈反對，想堅持下來就需要更大的決心和勇氣。但願妳們有情人終成眷屬！

※ 選擇E

妳很想得開，是個天生的樂觀主義者。妳在感情上好像從來沒有失敗過，一直一帆風順，不過，我還是得給妳潑一盆冷水，因為妳的愛情之路也有一片雷區！妳和男友的交往是不是安穩得幾乎一成不變呢？沒有任何衝突的平穩愛情，「倦怠期」很快就會來臨的哦！很清楚了吧！妳愛情路上的絆腳石就是「一成不變」，建議妳們換個方式相處，追求一下新鮮和刺激，讓感覺重新high起來。

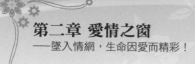

40.女職員

以下為某公司裡的女職員，妳認為最不可能成為妳的朋友的是哪一種類型的女人呢？

A清純愛做夢的「白雪公主」。

B讓人覺得鬱鬱寡歡的「林妹妹」。

C身材火爆的健美女郎。

D冷豔的「帶刺玫瑰」。

【**測一測**】妳在戀愛中的致命缺點。

【**心理解析**】俗話說：「情人眼裡出西施。」在戀愛中的人，常常會有一種錯覺心理，認為自己所愛的對象是世界上最美、最高尚的，即使在外人看來只是個很平常的人，我們也會將其看成是唯一的愛神。美國美學家喬治·塔桑耶納指出：「如果幻想被某個人的形象所盤踞，而其素質也有力量促成這種變革，那麼一切價值都集中在這一形象上了。這個對象就顯得十全十美，而我們就稱為墜入情網。」完美的戀愛不一定能走到最後的婚姻結果，因為戀愛可以把對方的缺點都看成優點，而婚姻不僅僅會把對方致命的缺點凸顯出來，甚至對方的優點也會變成缺點。為了能讓妳的戀愛開花結果，現在就找出妳戀愛中的缺點加以改正，做到有備無患。

※ 選擇A

妳有「大女人」的傾向，很少在心愛的他面前展現出可愛的一面，總是太過嚴厲，「河東獅吼」是妳的看家本領，如果不加以克制，男生遲早會被妳嚇跑的。

※ 選擇B

妳實在太過於輕率，總是在還沒有考慮清楚之前便墜入了愛河，因此是名副其實的多情種子，而且對金錢的態度也十分隨便，建議戀愛的時候請更慎重的看待自己的戀情。

※ 選擇C

妳的性格過於軟弱，一旦情敵出現，妳就會亮出白旗，因此，當有第三者出現時，總是會有「算了，我退出吧！」等等此類自動放棄的念頭。其實，在關鍵的時候多多爭取，能夠顯示出這份感情在妳心中的重要性，如果總是一味地退縮，妳的愛情不會永遠都那麼好運的。

※ 選擇D

妳的缺點在於總是遷就自己喜歡的人，任對方天馬行空，就算對方犯錯了也只是自己傷心，不去找對方理論。因此無法掌握自己的戀愛主導權，所以，難免會被對方甩掉。

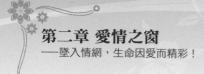

41. 圍牆邊的黑影

深夜，一位晚歸的女子獨自一人行走在回家的路上。突然，女子發出了一聲驚叫，原來在圍牆的轉彎處出現了一道黑影。你認為圍牆旁的那道黑影是什麼呢？

A 前任的男友。

B 大色狼。

C 流浪的野狗。

D 鬼魂。

【心理解析】這項測驗是根據羅倫斯貝克的「欲求不滿測驗」設計的。透過作答者的答案，可以反映出其內心的不滿程度：羅倫斯貝克將B、D歸類為內罰性反應（容易將錯誤往自己身上攬）；A為外罰性反應（將不滿發洩在其他的事物上）；至於C則是無罰性反應（不會將不滿向外發洩）。

看一看

✳ 選擇A

你會把愛情幻想成如同玫瑰花般美麗浪漫，一旦理想中的對象出現，就會不顧一切地投入熱戀之中。

✳ 選擇B

在男性方面，是屬於性生活不太滿足的類型；在女性方面選這個答案的人，具有神經質，對男性防備過於強烈。

✳ 選擇C

選擇這個答案的大多是單純的中、小學生。如果你是大人的話，通常會對人際關係採取消極的態度，將自己關閉在自築的象牙塔裡。

✳ 選擇D

這類型的人最為特殊。通常平凡的事物根本無法滿足他們的欲求，他們不會以貌取人，是會仔細參閱過內情後才下判斷的人士。自尊心非常強，是無與倫比的自信家，對家世、事業、學歷非常挑剔。

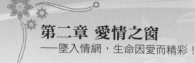

42. 設定密碼

　　當今社會，存摺、信用卡有密碼，手機有密碼，每天用的電腦更有密碼，這個世界真是處處有密碼。忘記了密碼就好像通行證失效，無法通行。你是如何「製造」密碼的呢？

A身分證號碼。

B自己的生日。

C視自己的心情而定。

D精心設計，誰也猜不出的奇怪組合。

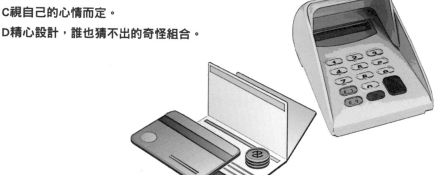

●●●【測一測】洩露你戀愛性格的密碼。

　　●●●【心理解析】我們常常將一些性格中的東西當成愛意流露，也就是說，將固有的共同性誤會成某人的特性。妳覺得他不愛妳，其實他只是有郭靖式的木訥。你認為她關心你，其實她只是母性特別強，又喜歡多管閒事。要區分性格和愛情，需要一雙炯炯慧眼。性格是個奇異的東西，千變萬幻，難以捉摸。抓住一個人的性格，就按住了他的命門死穴。你想知道對方是不是真的愛你，到底有多愛你，就一定要搞懂對方的性格，免得自作多情或錯失良緣。最後一點要牢記，如果對方是毀滅性人格，一定不要深度交往，否則分手時會被對方的性格折磨得痛苦不堪。

✹ 選擇A

這類戀人戒心很重，所以建立在兩人情感關係上的信任，將是最重要的關鍵。喜歡觀察對方，甚至出些測驗來考驗對方，不時考慮雙方的適合程度，如果沒有得到信任，兩人的關係就無法有進一步的突破，你也不會是對方想要共度一生的伴侶。

✹ 選擇B

選用生日來當密碼的人，其實是個很好搞定的戀人，不難追，挑戰性也不強，相處一段時間，對方心裡在打什麼主意，就可以掌握到八九分，剩下那一兩分，也是雖不中，亦不遠矣。所以這類人要是有愛情走私或是搞鬼，很快就會被戀人發現到一些蛛絲馬跡。

✹ 選擇C

這類人變化沒有規則可言，連他（她）自己都無法控制。要討好這種戀人，是高難度的挑戰，因為連他（她）都不知要的到底是什麼，自己都頭痛，戀人當然更頭痛，今天適用的招數，明天可能就失效了。所以要對付這種戀人，最好的對策就是以不變應萬變，管他（她）如何變，反正總有一天又會變回來，而你的不變，就巧妙地創造了安全感。

✹ 選擇D

這類人內心較為複雜，想得很多，愛變也喜歡變，老是會想如何讓人猜不透。想要追上他（她），最佳的方法，是有時要能一針見血，掌握對方的想法；有時即使知道，也要裝傻一下，讓他們有點成就感，又不會覺得你太蠢，總之欲擒故縱就對了。如果你還有本事，能在下半生常常出點花招，使他（她）猜不透你的想法，那你就成功大半了。

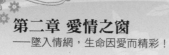
43. 頭髮隱含的意義 (3)

在下面的插圖中，有一個光頭的男性，你會為他選擇哪一種樣式的假髮呢？

A西裝頭。

B飛機頭。

C向後梳的頭。

D運動型的短髮。

E長髮。

F非洲式捲髮。

G龐克頭。

💠【測一測】妳看不慣男友哪一點？

💠【心理解析】這個測驗可以知道妳對「男朋友的要求」是什麼，反過來說，也就是妳對他不滿意的地方是什麼。如果你是男性的話，可以知道你「現在最欠缺」的是什麼。無論是男性還是女性，髮型對於自己的角色認定上都具有十分重要的作用，同時也是自我表達的方式之一，所以說髮型等於人的性格。

❋ 選擇A

妳對男友為人輕浮、做事馬虎這一點很不滿意，例如：用一種曖昧的態度和妳交往，到底要不要和妳結婚也不說清楚；約會時遲到、爽約等等。如果你是男性的話，你所欠缺的是正經和認真，因此不論是工作還是私人問題，妳都要端正態度來做，不然的話將陷入困境。

❋ 選擇B

妳對男友的要求是「冒險精神」，他過度的小心和循規蹈矩的生活方式令妳不堪忍受。如果身為男性，需要你大膽行動，給生活增添一些刺激和光彩。

❋ 選擇C

妳對他的要求是「成熟穩重」，相反地，妳對他的不滿是對方太過於孩子氣。如果你是男性，則缺乏身為男子漢的感覺。另外，你常常逃避責任，將失敗的原因歸罪於他人，如果你的意見不被採納，就會立刻鬧起彆扭來。試著讓自己長大，你的另一半還指望你為她遮風擋雨呢！

❋ 選擇D

妳對男友的要求是「順從」，反過來說，妳對他的不滿就是他那「彆扭的個性」。如果你是男性，也許你的生存意義就是特立獨行，違背、漠視世俗的規範，你特殊的一面很討女孩子的歡心，可以滿足她們的叛逆心理，可是隨著交往的加深，對方越來越不買妳的帳，甚至是討厭你。而你現在最煩惱的應該是即將成為「社會新鮮人」這件事。

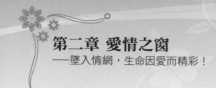

✳ 選擇E

妳對男友的要求是「個性」，反過來說，妳十分看不慣他過於「模仿」。如果你是男性，是不是你的生活形態就像電視、時尚雜誌上所描述的時髦人士那樣，住的是豪宅，開的是名車，穿戴全是流行品牌，講求派頭，一點自我獨創性都沒有？美眉在剛與你交往時，會覺得你對流行十分敏感而懷有好感，時間長了，對你盲目追求時尚、缺乏主見的性格將會越來越不滿意。現在的你，一停下追趕潮流的腳步，是不是會感到不安呢？

✳ 選擇F

妳對男友的要求是「幽默」，相反地，妳對他太過於「呆板和生硬」的性格很不滿意。如果你是男性，你可能從來不看流行週報、浪漫愛情劇，對現代年輕人、新新人類的文化一無所知。其實，男人可以沒有錢，可以肢體不全，唯一不能缺的是幽默感。幽默的男人勇敢，甚至勇於自嘲。如果一個男人能讓和他相處的女人開懷大笑，那麼他將更容易贏得這個女人的芳心。

✳ 選擇G

妳現在對他的要求是「熱情似火」，換句話說，妳不滿他的「缺乏情趣」，即使妳穿著性感的衣服挑逗他，他也會像個木頭一樣毫無反應。如果你是個男性，是不是會把親熱的舉動看成是一種犯罪的行為？你一直壓抑著自己，小心會成為性變態哦！

第三章　婚姻之門

——讓愛延續，真心恆久不變。

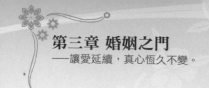

01. 打保齡球的「STRIKE」紀錄

保齡球的起源大概可以追溯到西元前5200年的古埃及，人們在那裡發現了類似現代保齡球運動的大理石球和球瓶。在13世紀的德國教會裡，流行著一種「九柱球」的遊戲，來檢驗教徒對宗教的信仰程度。直到宗教革命之後，馬丁·路德統一了九瓶制，成為現代保齡球運動的真正起源。如今，保齡球已經成為現代社會中的一項時尚運動。假如你在打保齡球，那麼，你認為成績如何呢？

A連擊出「STRIKE」的紀錄都沒有，每次都是只剩下兩三個球瓶的殘局。

B只能擊出「SPACE」，沒有「STRIKE」的紀錄。

C剛開始並不順利，只能擊出「SPARE」，而在一局結束前也擊出了一次「STRIKE」。

D冷不防地突然擊出了一個「STRIKE」的紀錄。

【測一測】在你的內心深處到底想不想結婚。

【心理解析】從形象上而言，保齡球的球瓶與球分別代表了男性與女性，請你根據自己的想像力和直覺來進行選擇即可。依照心理學來測驗該問題時，可以看出各人對於婚姻處理應對的方式。比如說，所謂的「STRIKE」的紀錄，乃表示可以（或是想要）將對方的全部納入「屬於自己」的這種意識。現在，電視裡的徵婚節目越來越紅，甚至連剛20出頭的年輕美眉也開始躍躍欲試了，在眾聲高喊「我要結婚」的背後，你真的準備好了嗎？

看一看

※ 選擇A的人

你離婚姻的殿堂還有十萬八千里。你的玩心根本還沒有定下來，對花花世界還存有許多好奇和夢想。這時的你還有些天真和可愛，在對待婚姻問題時，實際的年齡還是和心理年齡有些差距的。被柏拉圖之火引導的你，還不想在家庭裡花太多的時間。

※ 選擇B的人

你離婚姻的殿堂還有二萬五千里。你絕對可以稱得上是個工作狂，一切以事業為重，每天只知道向前衝，連玩的心情都沒有，哪裡還有心思去考慮什麼婚姻、家庭之類的事情。在你的眼裡，立業比成家要重要得多，當父母催你結婚時，你的第一個反應往往是──結婚？等發達了再說吧！

※ 選擇C的人

你離婚姻的殿堂還有一段距離。本身浪漫多情的你還沉浸在甜蜜的戀愛之中，整日圍繞著柴、米、油、鹽、醬、醋、茶的婚姻生活對現在的你來說還很遙遠，雖然你會偶爾想到結婚的情景，不過這還要等你寫完自己腦海裡的浪漫情書之後再考慮吧！

※ 選擇D的人

可以伸手敲開婚姻的那扇門了。這時的你個性成熟、經濟穩定，內心已經沉澱安定下來，可以考慮成家立業了。愛家又顧家的你，現在很想找個人來愛，一起分擔生活中的喜、怒、哀、樂。同時你對組建一個家庭有很大的信心，甚至有些急不可耐了。你覺得與自己的戀人相處就是最大的幸福，就連煮飯、倒垃圾這些生活瑣事，對你來說都是甜蜜的負擔。此類型的朋友，在工作方面盡職盡責，在為人處事上也懂得包容體諒，所以會有許多人欣賞你，希望和你共結連理。

187

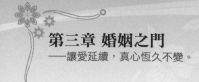
02.公子哥兒的人生規劃

如果你是一個大地主家裡的公子哥兒，將如何規劃以後的人生呢？

A走後門、拉關係，用錢買個官做。

B做個「身經百考」的科班人物，十年寒窗，一舉成名。

C繼承祖上的家業，安安分分地過日子。

D做一個揮金如土、花天酒地的闊少。

【測一測】你出於什麼目的而結婚。

【心理解析】結婚好嗎？過得幸福的人會笑咪咪的說好啊！而過得不幸的人會說不好你千萬不要進來。是啊，幸與不幸只是自己的感覺，在外人看來很幸福的婚姻其實自己內心有時感覺很苦，而在外人看來不怎麼相配的卻生活得很幸福。如同人們常說的那樣：婚姻就像一雙鞋，合適不合適只有自己的腳知道。為什麼要結婚呢？也許是為了以後的路更容易走，就像人字一樣一撇一捺相互攙扶、相互扶持走完一生。對於結婚的具體目的，有些人也許是為了優越的生活，有些人也許是為了愛情，既然什麼樣的都有，不妨做個測驗，看看你結婚的目的究竟是什麼？

❊ 選擇A

妳為了優越的生活而結婚。妳是個拜金狂人，凡事向「錢」看，誓死捍衛世俗的主流價值，妳認為窮人這輩子唯一的救贖就是找個有錢人，為了翻身，妳甚至不惜選擇做二奶乃至N奶。由於天生充滿毅力，因此一旦決定拜金到底，幾乎誰也阻止不了。如果你是位男性，則希望妻子外貌出眾，出身名門。

❊ 選擇B

為了對自己負責而結婚。妳認為談戀愛的最終目的就是順理成章的走進婚姻的殿堂，這才是真正負責任的態度。妳的觀念很保守，認為結婚是人生必經的過程，即使沒有合適的人選，妳也會按照父母的意思，透過相親等方式，選擇一個父母稱心如意的人結婚，而且妳還會努力營造一個和諧的家庭。

❊ 選擇C

為了過安定的生活而結婚。妳沒有過高的要求，認為人生最大的幸福就是和自己心愛的人結婚、生子，過著安定的生活。妳希望自己的生活衣食無憂，平平淡淡、開開心心地度過一生。如果妳是位女性，則希望結婚後做個家庭主婦，那樣就不用累死、累活的拼命工作了。如果你是個男性，就會把家庭生活中的瑣事全都交給老婆，自己躲起來享清福。

❊ 選擇D

為了能夠過著無憂無慮的生活而結婚。妳一直想告別單身生活，因為一個人妳會覺得很不踏實，只有結了婚才能取得社會的認同。妳追求的是一種快樂至上的婚姻生活，如果妳是位女性，會希望丈夫是一個踏實工作、關心家庭的人。如果你是個男性，則希望找一個勤儉持家的好妻子。而且，為了能夠過著快樂的生活，你還會做一份具體的人生計畫，比如什麼時候買車子、買房子等。

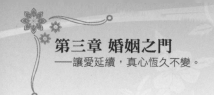

03. 最喜歡的電視節目

　　圖中的老婆婆正在津津有味地欣賞電視節目，你們認為什麼樣的節目最適合她的胃口呢？這道測驗題需要你和你的另一半一起來選擇哦！你們既可以選擇不同的答案，也可以選擇相同的答案。

A連續劇。

B歌唱節目。

C新聞類節目。

　　【測一測】你們二人對結婚儀式的選擇。

　　【心理解析】每一對戀人都對婚禮充滿著嚮往，認為那是通向幸福生活的大門。婚禮的儀式就像那件純白的婚紗，是所有女孩賦予最浪漫幻想的所在。看著西方電影裡的那些老太太，年入古稀還把壓箱底的早已發黃的婚紗翻出來，拿在手裡摩挲著，一臉幸福地回味：「這是我結婚那天穿的婚紗……」是多麼的幸福啊！題目中老婆婆看的節目就暗示著婚、喪、喜、慶的訊息，其代表的意義為：A結婚是人生大事，一定要辦得熱熱鬧鬧；B感覺最重要，形式不拘；C結婚不只是兩個人的事，親朋好友一定要到場。根據不同選項的組合情況，可以判斷出你們內心中理想的結婚儀式。

⋯ 看一看

✳ A—A的組合

對你們來說舉行什麼樣的儀式並不重要，關鍵是開心、熱鬧，很可能會有很豪華的晚宴。

✳ A—B的組合

不會邀請太多的賓客，只有至親好友在場的簡單婚禮，也有可能在國外的教堂裡舉行婚禮。

✳ A—C的組合

如果你們在神前結婚，那麼你們的雙親將會十分高興，舉行晚宴時，賓客最好以親友為主。

✳ B—B的組合

你們的思想很開放，有前衛意識，所以結婚是用你們最想要的方式舉行的。你們有許多奇思妙想，說不定會在大家意想不到的山頂上或水族館內舉行婚禮。

✳ B—C的組合

你們最好的結婚方式不外乎是教堂婚禮，除了在神的面前說出愛的誓言，還可以邀請親朋好友見證你們的幸福。

✳ C—C的組合

你們很喜歡傳統的婚禮，儀式當然是在神前結婚，至於婚宴，最好選擇有庭院式的專門場地為宜。

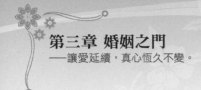
04. 在天空中增添一筆

當你走出森林時，呈現在你眼前的是一大片天空，如果需要你在天空中描繪一筆的話，你會選擇在空中加上什麼呢？

【測一測】結婚後選擇何種理想的場所度蜜月。

【心理解析】蜜月是一生中才一次的大事，誰都想讓自己的蜜月之旅充滿了甜蜜和夢幻。在這裡先將是否能真的實現暫擱一旁，讓我們一起來探討你理想中的蜜月場所。走出森林，前方就是一片廣闊的天空，它是有關兩人的未來，是開闊的象徵。換言之，這裡暗示著邁向新生活的第一步。因此，將天空的形象與蜜月做轉換是有可能的，而且還能夠從在天空添加不同的要素中，分析出每個人不同的心理特徵。

※ 選擇A
太陽象徵灑滿陽光般的熱情，如夏威夷、馬爾地夫是度蜜月的理想場所。

※ 選擇B
所追求的正是能夠享受月亮陰、晴、圓、缺的長期旅行，理想的度蜜月方式是環遊世界一周的旅行。

※ 選擇C
星星暗示著眾星雲集的好萊塢，所以適合去美國旅行。

※ 選擇D
選擇彩虹的人，可以看得出其強烈受到神奇事物所吸引的傾向。因此，由於希望的是受到此種情緒所吸引的場所，所以具體而言是適合到神秘、充滿夢幻色彩的小島度蜜月。

※ 選擇E的人
喜歡充滿刺激的場所，可以被認為是追求冒險旅行式的蜜月。

※ 選擇F的人
嚮往悠閒、閒適的場所，比方說是賞楓之旅。

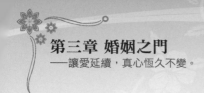
05.拉下的窗簾

妳和朋友一起去香港旅遊，妳們遊覽了當地著名的景觀，飽嚐了這裡的美食佳餚，現在妳正躺在飯店的床上放鬆身心、舒展一下疲憊不堪的四肢。窗外是維多利亞港璀璨繁榮、多姿多彩的夜景。這時夜已經深了，妳打算放下窗簾準備就寢。請問，妳會把窗簾拉到什麼位置呢？

A全部都拉下來，捂得嚴嚴實實。

B拉到一半。

C只拉下四分之一。

D拉下了四分之三。

【測一測】妳結婚後「麻雀變鳳凰」的指數有多少？

【心理解析】這個心理測驗主要是檢驗妳對結婚後發生的一系列變化所產生的不安程度有多少。同樣是結婚，有的人結婚之後飛上了枝頭變成鳳凰，有的人卻依然是灰頭土臉的小麻雀。妳有沒有「麻雀變鳳凰」的那一天呢？不妨來測測看！

✳ 選擇A

妳對「麻雀變鳳凰」的故事根本不抱任何希望，有可能是因為妳之前做的白日夢沒有實現，所以妳才會一直告訴自己，醒醒吧，妳沒有那個命！所以妳經常會採取順其自然、逆來順受的方式來面對婚後的生活。能否變成「鳳凰」，關鍵在於妳的另一半對妳的重視程度。妳的「麻雀變鳳凰」的指數僅有20%。

✳ 選擇B

妳從來不會看重對方的家世，所以妳認為嫁入豪門做少奶奶，和嫁入一般人家沒有什麼兩樣。妳用如此平和的心態看待婚後的生活，說明妳對自己充滿了信心。個性率直的妳，喜歡照著自己的計畫走，不管周圍的人會不會說妳是現代版的灰姑娘，妳還是會朝著妳認為正確的方向前進的。妳的「麻雀變鳳凰」的指數大約是80%。

✳ 選擇C

妳屬於典型的「美夢成真型」，不管是遭遇到什麼事情，妳絕對不會迷失自己，總是自信滿滿地向前衝。妳堅信憑著自己的魅力一定會牢牢地虜獲對方的心，也一定會棲息在梧桐樹上。在妳的心中，永遠相信自己終有一天會真的變鳳凰，就算遇不到金龜婿，妳也有自信憑著自己的能力實現妳的夢想。妳的「麻雀變鳳凰」的指數大約是99%。

✳ 選擇D

妳現在可能是處於心理和生理的低潮期。煩心的事不斷，身體的健康狀況也在走下坡，失眠多夢睡不好覺。建議妳把這項心理測驗先放在一旁，等妳的生活作息完全恢復正常了，重新找到自信時，再來做測驗吧！如果到時候妳選的仍然是同一個答案的話，那麼妳一定是個與眾不同的人。其實，想不想當鳳凰全看妳自己的決定。妳的「麻雀變鳳凰」的指數大約是50%。

O6.出軌的對象

如果妳是一個很想出軌的已婚職業婦女，現在有三個人讓妳選擇，妳會選擇哪一個做為妳的外遇對象呢？

A與昔日戀人舊情復燃。

B與國外的客戶來一段異國情緣。

C到酒吧找陌生男子一夜情。

【測一測】 妳會成為完美主婦嗎？

【心理解析】 無論職業女性還是家庭婦女，在丈夫和孩子面前都扮演著主婦的角色。有人說一個成功的男人，背後一定有一個偉大的女性，這個人或許是母親，也許是妻子。也可以說，一個男人要成就偉大的事業，一個家庭要獲得幸福美滿，這裡面必定有一個很賢慧的家庭主婦。所以家庭主婦在家庭、在社會中扮演的角色非常重要，已經不言而喻。如何做好一個家庭主婦呢？無外乎是要負責家務，要忍耐委曲，要守貞重節，要相夫教子，要和睦親友等等。這些妳做到了嗎？

※ 選擇A

妳在老公眼中是個令人望而生畏的悍婦，外柔內剛的妳，平常可以乖得像一隻小綿羊，但是發起飆來，真的是河東獅吼難以招架。這種類型的人，平常老公也會順著妳的毛摸，覺得妳真是個小綿羊、小貓咪，可是當他招惹妳的時候，可就沒完沒了了，這時候如果老公還敢頂嘴的話，就真的是活膩了。

※ 選擇B

恭喜！在妳的老公眼中，妳絕對是個完美無瑕的巧婦人。妳是文武雙全的新女性，無論工作或是家庭都可以兼顧，還能做到一百分。妳不僅在家裡表現得非常的賢慧，而且在職場上也表現得十分亮眼，理所當然地在老公的心目中，永遠是完美無瑕的最好代表。

※ 選擇C

妳在老公眼裡是一個弄巧成拙的笨婦人，其實妳很想當個稱職的家庭主婦，只是心有餘而力不足罷了。譬如：妳很想做一道非常好吃的菜，可是常常會燒焦或者把整個廚房都燒起來；或者妳想洗衣服，卻常常忘了放洗衣粉，或是把老公裝鈔票和證件的皮夾一起洗了。總之，妳笨得可以，老公只能搖頭。

07.陌生的靚女

星期天，你去車站送朋友，剛通過剪票口，就發現月臺上擁擠的人群中，一個陌生的漂亮女子微笑著向你揮手，這時候，你的第一反應是什麼呢？（讓妳的另一半來選擇，妳來看結果。）

A她的男朋友是不是在我身後？

B或許是一名記者，想做街頭採訪。

C可能是提醒我注意小偷。

D認錯人了吧？拼命地揮手，真討厭！

【**測一測**】婚後，他會不會主動幫妳分擔家務。

【**心理解析**】有些男人在戀愛的時候，對戀人千依百順，不但會幫忙做飯、洗碗，還會清洗衣物、收拾房間。可是一旦結了婚，「拿垃圾去丟有失身分」的本性便暴露出來。而男人的這種本性，可以從他「親和欲求」的程度上來一窺端倪。當一個人感到不安時，總是希望和自己最親近的人，或者是瞭解自己的人在一起，像這樣希望和他人在一起的心理，就被稱為「親和欲求」。比如說，當你臥病在床的時候，他若無其事地照常上班；可是當他生病時，卻希望妳請假來照顧他，這就是一種高度的「親和欲求」。下面，我們就從這方面入手，測驗妳的他是不是一個體貼的丈夫。

✳ 選擇A

他是一個講求原則的男人，很懂得根據現實情況的變化來決定自己的行動。一般來說，他會認為家務不應該只由妻子一個人來承擔，自己也有一份責任。如果妳是一位職業女性，他會合理分配彼此應做的家事；假如妳是一個家庭主婦，那就得另當別論了，他很可能不會主動去做家事。因為在他看來，那些家務都是妳的份內的工作，即使自己能力所及，也會因為「師出無名」而打消這個念頭。

✳ 選擇B

表面看來他是個自信心過度兼自大狂的人，其實他的內心極度缺乏自信，常常擔心自己做得不夠好，因而不會主動去做任何事，對待家務事也一樣。他十分在意別人的看法，總是覺得別人在注意著自己，可以說他的「親和欲求」是相當高的。對於這樣的丈夫，妳不要對他的期望值過高，他不但不會幫妳做家事，還會用種種理由來搪塞，「妳做得比我好」、「我現在有些不舒服」、「被人看到不像話」之類的話常常掛在他的嘴邊，讓妳哭笑不得。

✳ 選擇C

他關心自己的意識十分強烈，是個「親和欲求」非常高的人。他特別希望自己能夠引人注目，博得別人的好感。所以，為了能夠得到妳的讚美之辭，他會很樂意於做妳的「模範丈夫」，幫妳做各種家事。雖然這有點虛偽和作秀，不過時間長了，做家事慢慢地就會成了他的一種習慣。

✳ 選擇D

他的「親和欲求」極低，並且甚為自負，是個標準的大男人主義者。無論是在公司還是家中他都討厭女人出風頭，在他的眼裡，女性必須無條件地服從他、照顧他、體貼他，千萬別指望他會為妳做什麼家事，能夠心平氣和地待妳，已經不錯了！

08.路的盡頭

　　星期天，你和男朋友去電影院觀賞影片。電影的最後一幕，有一個男人獨自走在林蔭大道上，你認為這條林蔭大道會通往何處呢？女生請測驗，男生請發給你認識的女生。

A燈紅酒綠的大城市。
B靜謐的村莊。
C一座大廈。
D遊樂場。
E這條路沒有盡頭。

　　●●●【測一測】他結婚之後會變成什麼樣子。

　　●●●【心理解析】許多男人結婚之後把女人當作自己的私有財產，認為娶到手就萬事大吉了。所以，搖身一變，完全沒有了往日的溫柔，最初談戀愛時的彬彬有禮、溫文爾雅蕩然無存，暴露了本來面目。直到這時，妳才大呼上當。在本測驗題中，林蔭大道是用來比喻人生道路的，它暗示著走在路上的男人即將告別單身時代，邁入婚姻生活的殿堂。透過林蔭大道盡頭所出現的景況，我們可以推斷出他結婚後的樣子。

☀ 選擇A

他的表現簡直就是判若兩人，結婚前的溫柔體貼轉眼化為烏有，取而代之的是像個帝王般頤指氣使。他不僅擺出一副臭架子，而且還有家庭暴力的傾向。提醒妳，和這樣的男生交往，一定要三思！

☀ 選擇B

他結婚後會變得十分顧家，情願洗衣、做飯、聽妳的嘮叨、看著孩子們遊戲，也不願和朋友們去娛樂場所瀟灑。同時，他還是一個負責的男人，也許不會做多少家事，也許不能賺太多的錢，但是，他的心中有家。

☀ 選擇C

結婚後，他會變成一個工作狂。在他的觀念中，工作永遠是第一位的，家庭不過是附屬品。如果妳不想讓自己的家庭變得只有金錢沒有溫暖的話，那麼從現在起就給這個未來的工作狂多灌輸一些家庭觀念吧！

☀ 選擇D

他是那種一結了婚就會變成懶蟲的人。他雖然在結婚前十分勤快，但是一結了婚，就會把所有的事丟給妳。假日裡偷懶也就罷了，如果在工作時也這樣，遲早會被炒魷魚的，到那時，一家人只能喝西北風了。對待這樣的人，妳要冷酷一點，才能治得了他。

☀ 選擇E

他是個一成不變的人，即使結了婚也和從前沒什麼兩樣。所以妳千萬不要幻想能夠改變他，如果他做得實在是令妳失望，還是及早放手吧！

09. 如何擺放家具

　　如果讓你在一個正方形房間的四個角落裡，分別放置床、電視機、衣櫥和觀賞植物，請問，在房間的右上角，你會選擇放置上述的哪一件物品呢？（讓你的另一半來選擇，你來看結果。）

【測一測】 在婚姻生活中，他認為最重要的是什麼？

【心理解析】 這道測驗題中的正方形房間，主要是心理學箱庭療法中的一種空間概念，可以讓人產生平衡靜止的感覺，在這裡象徵著兩人穩定的關係──婚姻。利用這種概念，可以判斷出在受測者的婚姻生活中，到底什麼才是重要的事。根據箱庭療法的原理，四方空間都具有一定的意義，上代表未來，下代表過去，左代表意識，右代表潛意識。而問題所提及的四種家具：床、電視機、衣櫥和盆栽則分別代表著愛、時間、金錢和美的象徵。

✳ 選擇A

他的時間觀念很強，很希望在工作之餘做自己喜歡的事。他認為只有適合自己興趣的休閒方式，才會真正感到放鬆。在家裡，他不大願意和自己的另一半或家人談話聊天，很喜歡獨處一室，聽聽音樂或看看電視，充分享受自我的天地。如果你想和這樣的人過一輩子的話，那你就得花點心思來培養一些共同的愛好了。

✳ 選擇B

他具有十分浪漫的情調，認為生活中最重要的是愛，不僅僅是對異性的愛，還有對家人和朋友的愛，甚至於一張床，他都會盡其所能的將愛投注其中。這種人最大的缺點是缺乏現實感，如果不透過言語向對方傳達愛意的話，他就會覺得在生活中無法得到滿足。他太過於羅曼蒂克，往往會讓人難以消受。你應該多向他澆幾盆冷水，告訴他真正的愛是好好的過柴、米、油、鹽的日子。

✳ 選擇C

他是一個理想主義者，對於美十分重視。在他為自己裝扮的同時，也會懷著強烈的欲望將周圍的一切打扮得美輪美奐。他對金錢並不看重，是一個有個性的人。由於他求全責備的性格，使他做任何事都追求完美，一旦遇到和自己興趣、理念不同的人，他絕不會苟同接受的。面對這樣的人，只能寄望他能夠懂得缺憾也是一種美的真正含意。

✳ 選擇D

他所追求的是社會上一般人所奉行的價值觀——金錢。從外表上看，他並不是一個小氣吝嗇的人，實際上他始終關注著自己存摺上不斷上升的數字，並為之竊笑不已。這種人在生活中也許缺乏某種趣味，但是從另一個角度上說，他所呈現的倒是人類的真正面目。一旦和他結婚，在未來的生活中，至少妳不必為金錢而煩惱。

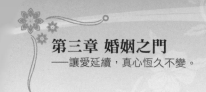

10. 王子的項鍊

一天夜裡，妳做了一個夢，夢見自己變成了白雪公主，英俊的王子騎著高頭大馬來到了七個小矮人的木屋前，向妳求婚。王子帶來一個價值連城的項鍊，上面裝飾著星星形狀的寶石墜子。這個項鍊放在王子貼身的首飾盒裡，只有妳猜中這串項鍊的樣式，妳才可以擁有它。王子提出了四個選項，妳會選哪一個呢？

A 項鍊上的寶石墜子，是一顆好大的星星。

B 寶石墜子是由一顆大星星和左右兩顆小星星組成。

C 三顆小星星串連成的墜子。

D 寶石墜子是一顆大星星，這顆大星星由許多小星星組成。

【測一測】 將來你為人父母的樣子。

【心理解析】 首飾是財富的象徵，在本測驗中則表示夫妻的共同財產——孩子。「寶石墜子是什麼樣的設計樣式」，暗示著你將來會成為什麼樣的家長。其實，沒有人是天生會做家長的，家長要在孩子的成長過程中學會做家長。現在，就讓我們搶先一步，看看你未來做父母時的樣子吧！

❋ 看一看

❋ 選擇A

你屬於「開明型」的父母。你能充分尊重兒女的意願，孩子們和你在一起時會感到十分放鬆和愉快，可以和你成為無話不談的朋友。但需要注意的是，你對孩子千萬不能放任自流哦！在進行開明教育的同時必須教會孩子責任感的重要性。

❋ 選擇B

你屬於「溺愛型」的父母。你會把你最溫情的一面表露出來，努力營造一種和諧的家庭氛圍。你把自己的全部的希望都寄託在孩子身上，一切以孩子為主。為了孩子，即使心力交瘁，也會咬牙默默忍受。可是時間久了，難免會「積勞成疾」，孩子卻在你無私、忘我的寵愛下，變得自私和任性了。所以，萬萬不要溺愛孩子，你兇一點，也許孩子就不敢放縱了。

❋ 選擇C

你屬於「事業型」的父母。你給孩子最深的印象就是——忙，忙工作、忙家務、忙交際，忙得好像地球離開了你就無法轉動一樣，忙得你把孩子晾在一邊。你走路、說話、做事就像一陣風，在孩子的眼裡，也像風一樣從來沒有為他停留的時候。在你抱怨孩子不聽話、跟你越來越疏遠之前，請你捫心自問一下，你有多久沒有在孩子臨睡前給他講故事？牽著他的小手去公園了？言傳身教是必要的，孩子可以從這些工作狂的父母身上懂得養育之恩和尊重工作，可是孩子更需要情感上的關心。

❋ 選擇D

恭喜你！你屬於「模範型」的父母。你和子女之間的關係與其說是父母、子女的上下關係，還不如說是朋友之間平等的關係。你在與孩子相處的時候，自然而然地教會他們如何明辨是非的道理。你從來不會打罵孩子，處理問題時總是以身作則、以理服人，做你的孩子真幸福！

11.賞花之旅

華山警察局有個小員警叫令狐沖，由於玩世不恭，被免職了，成了無業遊民。後來，他結識了黑社會老大的女兒任盈盈，兩個人一見傾心，整日泡在一起遊山玩水。一天，令狐沖準備在四個地方當中選一處進行一次賞花之旅，妳認為他會選擇哪裡呢？

A去夏威夷群島觀賞扶桑花。

B去瑞士看鼠麴草。

C去西班牙看向日葵。

D去富士山看櫻花。

【測一測】將來妳會生幾個baby。

【心理解析】生育後代是一切生物的本能，是人類得以繁衍的必要條件。但是隨著人們思想觀念的變化，有的人想早日生個漂亮的寶貝，有的人卻喜歡永遠過「二人世界」。透過妳對鮮花的看法，可以推算出妳將來婚後會生育幾個小孩。

※ 選擇A

扶桑花是「開放」的象徵，選擇這種花的妳，最討厭的事情就是受到別人的束縛，在妳的內心深處根本不想要小孩，免得礙手礙腳。如果妳的伴侶也選擇這個選項的話，那麼妳們一定會是標準的「頂客族」。妳們結婚後，不用存錢給兒女，很少用廚房，基本上不和柴、米、油、鹽打交道，還可以經常外出度假，能夠充分享受「二人世界」的浪漫。

※ 選擇B

鼠麴草花開時那種楚楚可憐的模樣十分惹人憐愛，使人不由得產生一絲疼惜和憐愛。選擇鼠麴草的妳將來只會生一個小孩，同時妳會將全部的心血和精力放在孩子的身上。在妳的眼裡，嬌嫩的孩子猶如一顆珍寶，真是含在嘴裡怕化了，捧在手裡怕碰了，雨天送傘，颱風送衣服，照顧得無微不至。

※ 選擇C

金色的向日葵總是一副抬頭挺胸迎向陽光的模樣，是「活力充沛」的象徵。選擇向日葵的妳在婚後依然會保持著先前的朝氣與活力。在燦爛的陽光下，妳高興地追逐著兩三個孩子在草地上嬉戲，就是妳婚後生活的真實寫照。妳將來的家庭肯定會是一個充滿孩子開朗笑聲的快樂家庭。

※ 選擇D

白色的櫻花綻放枝頭，一陣清風吹過，醉人的芳香沁人心脾，這時妳可以想像三五個頑童在樹下捉迷藏的快樂場景。妳是個喜歡小孩的人，將來一定會組織一個成員眾多的「大家庭」。在妳年輕的時候，為了栽培子女長大成人，一定會很辛苦，但是將來妳一定會苦盡甘來，擁有一個幸福的晚年。

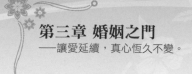
12. 吸菸的愛犬

天剛濛濛亮的時候，你的臥室裡突然闖入一個白乎乎的東西，由於光線較暗，嚇了你一跳。仔細一看，原來是你的愛犬，牠不知在哪個理髮店將一身的黃毛染成了白色，更讓你吃驚的是，牠的嘴裡還叼著香菸，耀武揚威地走了進來。這時你會有什麼樣的反應呢？

A 「我的寶貝，這樣做對身體可不好！」說著，你奪下了牠嘴裡的香菸。

B 「吸菸是不是很爽啊？」你拍著牠的腦袋問。

C 「給我也來一根！」你笑著說。

D 「是不是成精啦？好可怕！」想到此，你奪路而逃。

【心理解析】 從古至今，狗一向是人類最忠實的朋友，就像你最乖巧懂事的孩子。如果有一天，你發現一向懂事的孩子居然當著你的面吸菸，你會被驚嚇到嗎？其實，小孩子吸菸雖然有些是出於好奇，但更主要的是想成為大人而已。當他決定向父母或周圍的世界宣佈自己長大成人可以獨立時，常常會採用吸菸這種成人的方式。在本測驗中，你對吸菸愛犬的反應，就表示你將如何應對想離開你去獨立生活的孩子。

看一看

☀ 選擇A的人

在你的眼中孩子永遠是孩子，他做的任何事都會讓你很緊張，只要有關孩子的事情都會衍生出你無窮的煩惱，唯一可以讓你放心的是親手幫助孩子解決。你一直希望自己的孩子永遠都長不大，永遠聽你的話，你的控制欲真的很強。其實，孩子長大了，他們要過自己的生活，不可能總是按照你的軌跡去走，有些事是不能勉強的哦！

☀ 選擇B的人

你很高興看到孩子長大成人，你會適時地調整自己的角色，把孩子當成大人看待。

☀ 選擇C的人

你做出這樣的反應並不能代表你和孩子的關係是對等的，相反地，這表明你對孩子太過於溺愛了，應該對他嚴格一些。

☀ 選擇D的人

你無法接受孩子的成長，一旦孩子長大成人了，你往往不知所措。

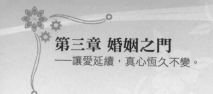

13. 火海逃生

夜深人靜，消防車的鳴笛聲驚醒了正在熟睡的你，你發現外面一片火光，同時還聞到了一股嗆鼻的濃菸味。「失火了！」你立刻叫醒身邊的妻子。原來隔壁發生了火災，火勢已經蔓延到了你家。在這個危機的時刻，你們會帶著什麼東西逃出來呢？請你們兩人各選擇一個答案，重複也沒有關係。

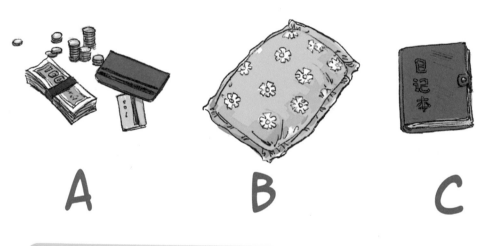

A　　　　　**B**　　　　　**C**

【**測一測**】 戀人或夫妻吵架後重修舊好的方法。

【**心理解析**】 情侶之間不吵架的幾乎沒有，關鍵是你們怎麼對待吵架。有很多人在吵架之後感情反而比原來更好，那是因為他們在吵架後找到了重修舊好的最佳方式。在本測驗中，由突發事件發生時，匆忙間帶走的物品中，可以發覺此人隱性的一面：A代表「任性」、B代表「老實」、C代表「固執」。戀人之間的爭執常常就是因為頑固和任性，根據你和伴侶所選的答案，可以得出你們重修舊好的最佳方法。

✳ A—A的組合

重修舊好的最佳方法是「魚水之歡」。同樣任性的兩個人會越談越彆扭的，最好的方法，就是把問題放到床上來解決。與其用頭腦苦思，不如用身體來表達彼此的歉意和愛意。正所謂「床頭打架床尾和」，兩個人為了瑣事爭吵，燈一關，回頭冷靜下來想，退一步海闊天空，於是便郎情妾意，合抱一起，如膠如漆，翻天覆雨了。

✳ A—B的組合

重修舊好的最佳方法是「美食誘惑」。老實的一方和任性的一方吵架，任性的那位常常會得理不饒人、沒理佔三分，即使能感覺得到自己的不講理，由於對方老實，反而更加助長了他（她）的囂張氣焰，整天不可一世的樣子。這個時候，老實的一方不妨安排一頓美食，讓任性的一方打打牙祭，然後再藉機承認錯誤，一定會和好如初的。

✳ A—C的組合

重修舊好的最佳方法是「各自反省」。任性的一方和固執的一方吵架，兩個人針鋒相對，誰都不肯妥協。最好的辦法是兩個人分開一段時間，進行足夠的反省。

✳ B—B的組合

重修舊好的最佳方法是「贈送禮物」。同樣老實的兩個人，吵架的原因通常是彼此的誤解，一旦發生這種情況，誰也不肯主動和解。這就需要做錯事的一方主動一些，利用節日或對方的生日贈送禮物來賠禮道歉，並製造兩個人談話的機會。

✳ B—C的組合

重修舊好的最佳方法是「開懷一笑」。老實的一方和固執的一方吵架最容易和解，如果老實的一方主動示好，邀請對方到遊樂場或其他有趣的地方痛快地瘋一回，所有的不快都會一掃而空。

✳ C—C的組合

重修舊好的最佳方法是「敞開心扉」。兩個固執的人產生了衝突，就像兩個悶葫蘆，誰也不說話。建議你們靜下心來好好談談，相互理智地溝通，一定會解開心裡的疙瘩。

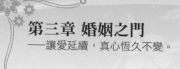
14.夢醒時分

深夜，你從噩夢中驚醒，慌忙打開檯燈的開關，突然發現屋裡停電了。這時，你最害怕的是下列哪一種情形？

A朦朧的夜色下，一個黑影在窗外一閃而過。

B走廊上突然傳來一陣沉重的腳步聲。

C「吱」的一聲臥室的門莫名其妙地自動打開了。

D沉沉的暗夜中，隱隱約約聽見有人在牆角啜泣。

●【測一測】婚姻暴力離你有多遠？

●【心理解析】家庭暴力是一種社會和生物因素共同作用的現象，而暴力本身更趨向生物性，因為它畢竟是一種野蠻的行為。自人類組成家庭以來，就伴隨家庭暴力的發生。在家庭暴力中，受害者多半為婦女。儘管引起暴力的因素很多，但心理因素起著極為重要的作用。可以說，家庭暴力的實施者至少在當時就存在心理障礙，有許多精神障礙是誘發暴力的重要因素。婚姻暴力、家庭暴力已經成為一個普遍存在的社會問題了。在你對這些屢見不鮮的暴力事件漸漸麻木的時候，有沒有想過，自己的婚姻和家庭離暴力行為有多遠呢？

☀ 選擇A

你對婚姻中的暴力行為懷有一種恐懼感，對婚姻暴力可以說是深惡痛絕。你比較重視與人為善，碰到不合理的事情發生時，也多半是自己承受，淚水往肚裡吞；或者是乾脆就跟這樣的人少打交道。你非常自卑，不信任任何人，不喜歡向別人表達自己的感受，即使對你所愛的人也是如此。太過軟弱除了讓人欺負，也讓自己的壓力越來越大。忍受不是解決事情的良方，適當地抒解和發洩，你的人格才能夠健全發展。如果你想早點結束心中的恐懼感，就一定要試著把話說出來！

☀ 選擇B

你有很嚴重的暴力傾向，對情緒也常常失去自制力，造成心情總是容易隨著環境或是身邊的人、事、物而大起大落，連自己都無法捉摸。你的個性很容易讓戀人對你望而生畏、敬而遠之。你把婚姻暴力看得太簡單了，甚至認為這只不過是做丈夫（或妻子）的正常舉動，對方不應該太在意。有時，你為了自己的一時之快，常常不顧對方的感受。但是，你絕對要記住，到了對方忍無可忍、反戈一擊時，你們的婚姻就立刻陷入土崩瓦解的危險境地！如果你覺得自己狀況很嚴重，記得一定要尋找專業的心理醫生來協助處理。

☀ 選擇C

你本身是個理智的人，所以你的憤怒多半是因為實在是無法忍受了。但是，你絕不會訴諸武力解決，動粗對你來說是極端野蠻、不文明甚至下流的行為，因此你譴責婚姻中的暴力行為。主張以和平的方式解決家庭問題，設法和對方溝通。不過，你絕不會受窩囊氣，一旦對方試圖對你施暴的話，會惹得你大發雷霆。一般而言，你的家中出現婚姻暴力的可能性不大。

☀ 選擇D

你的潛意識裡有種渴望暴力的傾向。也許你在家庭中受到的壓抑太多，也許對方經常無理取鬧，總之，你認為婚姻暴力是解決問題的途徑之一。重情的你容易執著，也容易鑽牛角尖，有時會把暴力做為一種發洩苦悶的方式，只要另一半稍有不合你意，或是做出背叛你的事情來，你便歇斯底里地被情感淹沒了理智，做出連自己都不想做的事情來，但很快又後悔了，下決心不再重犯。這樣只會給夫妻雙方留下更多的情感隱患，不得輕易嘗試。

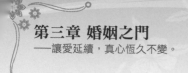

15.哭泣的小男孩

　　一天，你去公園裡散步，發現公園的門口有一個男人、一個女人、還有一個哭泣的小男孩。透過直覺來判斷，你該如何解讀這三個人的關係呢？

A夫妻吵架，小孩在一旁哭泣。

B一家三口在旅行的中途，小孩突然改變了主意，哭著不想去原來的地方。最後只得放棄了原有的計畫，而改去小孩想去的地方。

C陌生的男女對哭泣的小孩置若罔聞，直接經過小孩的身邊。

【測一測】 你在面臨婚姻破裂時，是否會考慮到孩子。

【心理解析】 婚姻生活是一連串的曲折離奇，盡管說「離婚」一詞會偶爾掠過你的腦海，但是在現實生活中仍舊會出現勞燕分飛的場景。在本題中，小孩乃是居於中心位置的，具有重要的意義，從現實層面而言，面臨離婚之際，小孩的存在就成了一個不得不考慮的問題。因此，從你如何判斷該圖中的三個人的關係，就可以明確知道你對於離婚的處理模式。

※ 選擇A

將小孩哭泣的原因，直接歸因於夫妻吵架，表明其重視小孩存在的傾向。此種類型的人，對於離婚的態度舉棋不定，處於進退兩難的境地。

※ 選擇B的人

一切以孩子為中心，即使是想要下定決心離婚，也會因為孩子的緣故而打消了這個念頭。

※ 選擇C的人

對哭泣的小孩置若罔聞，表明小孩所起的作用微乎其微。從這裡可以判斷出此類型的人一旦考慮離婚，就變得不顧後果，連子女的事也不會考慮，只知道一意孤行。

第四章 性愛之旅

——涉入愛河，分享魚水之歡。

01. 邙山遇蛇

秦朝末年，劉邦任沛公，押解犯人去驪山修建秦宮。途中有不少人逃走了，劉邦便對大家說：「你們到了驪山是死路一條，我走失了犯人也是死路一條，不如我送個人情，你們各自逃命去吧！」當時有一部分人不願意散去，跟隨劉邦一路前行。行至邙山，突然聽到不遠處傳來一陣沙沙作響的聲音，劉邦急忙拔劍上前，赫然發現路上居然有一條蛇。請你試想一下，那是條什麼樣的蛇呢？

A盤捲成一團的蛇。

B大錦蛇。

C響尾蛇。

D細細的蛇。

E有斑紋的毒蛇。

F白色的蛇。

●●● 【測一測】關於你的性。

●●● 【心理解析】在西方的傳統文化中，蛇是性的象徵，被上帝看成是邪惡的誘惑者。心理學上認為，蛇表示性，特別是象徵著男性的生殖器。從形狀上看這二者的確很像。在本測驗題中，山路上突然遇到了蛇，剎那間，誰都會覺得可怕。在這種情況下，人們會很容易暴露出自身最脆弱的一面，基於你對蛇的第一印象，就可以探知你對性的真實看法。

❋ 選擇A

你是性愛的狂熱信徒，性對你來說，就像吃飯、呼吸一樣，是不可或缺的東西。當你初嚐雙人床上遊戲後，你就會迷戀上那種銷魂的美妙滋味，變得樂不思蜀了。你可以配合對方做各種姿勢，還樂於嘗試各種新招式，屬於那種「大膽做愛，不怕變態」的類型。但要注意的是，不要只顧自己愉悅，而對伴侶敷衍了事哦！

❋ 選擇B

你對性充滿了好奇，在第一次做愛中很容易沉醉其中，不過在第二次、第三次被要求時，往往就吃不消了，很可能就會痛苦大於快感。如果遇到精力旺盛的伴侶，你常常會丟盔棄甲、狼狽不堪。從現在起，應該注意鍛鍊身體了。

❋ 選擇C

你有必要找心理醫生好好談一下了，你竟然對性充滿了恐懼。也許你曾經受到過這方面的強烈刺激，但不用把它看得這麼嚴重。放輕鬆些，「食色性也」，性不過是人的基本欲望之一而已。

❋ 選擇D

你對感官方面的刺激非常敏感，十分在意自己的身材是否合乎異性的審美標準。其實你大可不必這樣，「環肥燕瘦」各有各的美，如果是天生豐滿沒有必要去為了追求消瘦的身材來委屈自己的胃口，苗條的女孩也不必為了追求歐美豐乳肥臀的體形而苦惱不已。愛是靈與肉的結合，伴侶更看重的是雙方的精神交流，你可不能捨本逐末哦？

❋ 選擇E

你實在是一個有點危險的人，一般的性生活根本無法使你得到滿足，只有SM、3P或多P等非正常狀態的性，才會引燃你的心火。你要注意啦，前面已經亮起了紅燈。

❋ 選擇F

一言以蔽之，你是個性冷感的人。因為你對任何事都小心克制，對「性」更是如此，所以無法盡情享受到性的歡愉。既然沒有嚐到那種銷魂的滋味，慢慢地原本「愛做」的事情，變成了「做不愛做」的事情，你也因此變成了冷感一族。

02. 導演的擔憂

經過一年精心準備和排練的話劇，終於要舉行公演了。今天是公演的第一天，在演出開始前的那一刻，坐在觀眾席上的導演突然顯得十分不安，露出了一副憂心忡忡的表情。妳認為這位導演在擔心什麼呢？請在下面的選項中，選出最適當的答案。

A演員都不是大牌明星，擔心觀眾不捧場。

B擔心演員說錯臺詞。

C擔心演員弄錯登場順序。

D擔心有的演員會穿插即興表演。

E擔心燈光和音響會出現問題。

【測一測】 你在床上不能說的話。

【心理解析】 你知道嗎？一言不合，特別是在做愛時的一句不合時宜的話，就可能斷送多年建立起來的親密感情。德國法蘭克福社會分析研究院的安德列・科夫希特教授在談到言語與性愛的關係時說：「一般人會認為這是一種毫無關係的事情。但實際上我們發現，有不少德國男人和女人，就是因為在做愛時說了不愉快的話而分手的。有時候，當你正沉浸在性愛的歡愉中時，突然你的性伴侶說了一句令你不愉快的話，我敢保證，你一定會對繼續做愛失去興趣。這是人的本性。」對男性而言，性也是藝術的一種，所以有些話，他並不希望在床上聽到。

✳ 選擇A

他對自己的性技巧很沒有信心，妳千萬不要取笑他做愛千篇一律，毫無新意。當他依舊採用固定的模式時，妳說：「沒關係，下次我們換個姿勢。」如果妳以為這種鼓勵可以起作用，那就大錯特錯了。這時妳最好保持沉默，如果假裝鼓勵安慰，無異於掩耳盜鈴！

✳ 選擇B

他是一個非常嚴格的人，所以應該極力避免在床上向他提出要求或者是強詞奪理。當他正在和妳纏綿，妳說：「親愛的，我想買一個白金戒指，好嗎？」盡管他很願意為妳買那個戒指，也不會喜歡把做愛和戒指放在一起說，這難道是交易嗎？如果他真的生氣了，做愛後立刻甩出一萬塊：「這是妳的報酬，拿去買戒指吧！」妳一定會尷尬死！

✳ 選擇C

他最討厭在床上被問及過去的事，所以千萬不要觸及關於他的前任女友的話題。當妳很主動，而他非常欣賞時，妳問：「我和妳過去女朋友哪個功夫更好？」這真是一個兩難的回答：否定妳？還是否定她？要知道，大多數男人和下一個做愛時，壓根兒不會記得上一個表現如何。

✳ 選擇D

他是一個十分專注的人，妳千萬不要心不在焉，在床上說錯話或者廢話太多。當他正處於激情澎湃，準備梅開二度的時候，妳卻說：「下次吧，我睏死了！」扼殺夢想等於謀殺，妳這句話會讓他從頭涼到腳後跟，即使勉強做愛，也是味同嚼蠟。

✳ 選擇E

他對於自己不擅長營造浪漫的氣氛十分在意，所以避免提到這一點。當他輕輕撫摸妳的皮膚時，妳突然尖叫：「你的手怎麼那麼粗糙？真是煩人！」沒辦法，男人不可能全是細皮嫩肉的小白臉，只要妳不是無法忍受，還是不要說出來為妙！

03.釣魚的樂趣

釣魚有很多樂趣，在這其中，你認為釣魚的真正樂趣是什麼呢？（讓你的另一半來選擇，你來看結果。）

A可以烹煮自己捕獲的成果。

B期待能夠做成魚拓。

C引誘魚兒上鉤。

D可以收集各式各樣的釣具。

E培養耐性。

F可以接觸大自然。

【**測一測**】妳將身體奉獻後，他會珍惜嗎？

【**心理解析**】自古以來就有這樣的說法：「喜歡釣魚的人多半好色。」釣魚時，在釣鉤上掛誘餌等待魚兒上鉤的行為，就暗示著他在等待女性成為自己囊中之物的行為。所以，我們可以說釣魚就是性的象徵。從選擇的答案裡，可以瞭解他在做愛後，會變成什麼樣子。

※ 選擇A

他是那種一旦發生了肉體關係就死纏活纏的人，對性充滿了好奇心，幾乎達到了無法自制的地步。他不但會要求體位或性技巧，還希望能有各種新體驗。最後，性對他而言，變成一種「遊戲」。如果妳真的有令他想佔為己有的可愛特質，就睜一隻眼閉一隻眼算了，對方如此迷戀妳，何樂而不為呢？

※ 選擇B

對他而言，能不能釣到魚是個大問題，在剛剛開始交往時，他就會迫不及待地要求上床，如果很輕易的得手，他就會顯得十分神氣。

※ 選擇C

他是那種只要有性就一切都好辦的人。一旦發生性行為之後，感情就會急速冷淡下來，立刻表現出大男人主義的作風。事實上這種想法太老舊，有時反而會引起對方厭惡。

※ 選擇D

只要發生了肉體關係，他就會沉溺於妳的溫柔鄉中，是個專一的人，同時他也會十分珍惜妳的。

※ 選擇E

他是那種即使是有了性關係，也沒有太大改變的人，在他的戀愛觀念中，性並不是最重要的問題。

※ 選擇F

他是個十分溫柔的人，自然大方地愛著妳，絕不會死纏著妳不放。

04. 挨批評的女侍者

　　妳和戀人去餐廳用餐，剛走進門口，就發現在一個角落裡，餐廳的男經理正在訓斥一名女侍者。憑妳的直覺，妳認為這名女侍者做錯了什麼事呢？

A不小心打翻了杯子，將水潑到了客人身上。

B對客人的態度不好，言語粗俗。

C點錯了餐點。

E忙著回簡訊，沒有聽見客人的召喚。

【**測一測**】妳在床上容易犯下的錯誤。

【**心理解析**】在本測驗中，挨批評的女侍者就是妳自身的投影；憑妳直覺所選出的答案，就是妳最容易犯下的錯誤；從被男性店長訓斥這件事，可以聯想到所犯的錯誤和性有深刻的關聯。

✳ 選擇A

妳是一個糊塗蟲，在床上時常犯錯，真拿妳沒有辦法！妳在迷迷糊糊中，可能會喊錯對方的名字，也有可能在做愛做到一半時突然從床上掉了下來，反正像這類在喜劇片中經常出現的情節，總能在妳身上得到驗證。

✳ 選擇B

妳是個直來直去的直腸子，時常會突然冒出一句無厘頭的話讓男人受傷。對於性器官大小和做愛技巧這類問題，男人是很敏感的，太直接的批評會傷自尊心的，所以妳一定要管好自己的嘴巴。

✳ 選擇C

妳糗大了！對於女侍者而言，弄錯了菜單很可能被炒魷魚。妳在床上所犯下的錯誤，很可能就是造成妳們分手的原因。雖然不能具體說出妳所犯的錯誤到底有多麼嚴重，但還是請妳要多加留意。特別提醒妳注意避孕，不然分手的話更麻煩。

✳ 選擇D

妳總是心不在焉，一天到晚的不知道在想什麼。讓人抓狂的是妳的不專心竟然還能延伸到床上去，真是服了妳！妳從實招來，是不是偶爾會在做愛途中突然想到什麼事，忍不住笑出來？或是突然問「明天早晨是煎蛋還是白煮蛋」這類掃興的問題。強烈建議妳用心去愛，用心去做愛。

05.颱風過後的沙灘

颱風過後，你來到沙灘上散步，發現有一些雜物被海浪沖到了岸上。請問，在這些雜物中，哪一種最吸引妳的目光？

A空的漂流瓶。

B死去的魚。

C水草。

D捉章魚的罐子。

E小漁船。

【測一測】妳的淫亂程度。

【心理解析】心理學上認為，神秘莫測的海洋，是女性的「性」象徵。在本測驗中，由於颱風的原因，海面上波濤洶湧，這裡暗示著因性而產生的興奮感。在那些被海浪沖上岸的眾多物品中，其中最吸引妳的東西則代表著妳對性的沉溺程度。

✳ 選擇A

空的漂流瓶可以看做是大海對妳的召喚，也可以看做是妳期待更激烈的性關係的暗示。第一眼看到漂流瓶的妳，心裡一定會認為裡面放著信件，這說明妳對性有強烈的好奇心，將來有可能成為一位較為淫蕩的女性。

✳ 選擇B

妳對性持否定的態度，所以妳絕不可能沉溺於其中。但這並不能代表妳是如何的正經，妳之所以對性排斥，極有可能是在以前的戀愛和性關係中留下了陰影。

✳ 選擇C

妳是那種清純、謹慎的女性，對待性關係格外小心，絕不會把性僅僅當作是一種享樂的遊戲。但是在本質上，妳對性也十分關心，一旦有機會，有可能會成為最淫蕩的女性。尤其是在喝了酒，放鬆戒備時，應該要特別注意。

✳ 選擇D

妳是一個百分百淫蕩的女人，因為沒有什麼東西比「八爪魚」更能象徵粗暴的性了。即使是變態的性遊戲，妳也喜歡嘗試。像妳這種離開了性就活不下去的人，迫切需要學會克制。

✳ 選擇E

妳與所愛的異性之間，性關係十分混亂，但妳卻不會沉溺於其中。妳有勇往直前、不顧一切的精神，也有冷靜思考的一面。綜合來看，妳屬於理性的放蕩型。

06.黑色垃圾袋裡的秘密

晚上下班的時候，你走出辦公室，發現在一個拐角處放著一個黑色的垃圾袋，這裡根本不是存放垃圾的地方，過往的行人如果不注意的話，很容易被絆倒。請問，按照你的直覺，你認為袋子裡面裝的是什麼呢？（讓妳的另一半來選擇，妳來看答案。）

A可燃性的垃圾。

B非可燃性垃圾。

C可燃性與非可燃性垃圾的混合物。

D根本不是垃圾，裡面暫時存放著行李。

【心理解析】 ＳＭ：即性摧殘，英文是sadomasochism，縮寫為ＳＭ，也稱ＳＭ性摧殘，是性心理變異的一種。ＳＭ的普遍性有其心理基礎，弗洛依德認為，在性壓抑社會中，人們對於性有羞恥、嫌惡、痛苦、恐懼等心理，這些心理阻礙了性愉悅。可是非生殖的性卻有促進性愉悅的功能。在不應該放置垃圾的地方丟棄東西的行為，象徵著做了禁忌的事情。黑色的塑膠袋，意味著下意識的性虐待，也就是說塑膠袋裡面的東西，就是吸引他進行性虐待的象徵。人的潛意識裡最感興趣的常常是禁忌的遊戲，從心理學上來說，每個人都或多或少有性虐待的傾向。那麼，妳的「他」究竟屬於哪一種類型呢？

看一看

✳ 選擇A

他是屬於那種被性虐待的類型，伴侶的溫柔細語很難點燃他的熱情，相反地，越是冷言冷語，越是疾言厲色，反而越會激起他興奮的情緒。

✳ 選擇B

他對性虐待的行為有些興趣，平時雖然很溫柔、很體貼，但興致來了，也會在床上出現恍如夢境的暴力舉動。

✳ 選擇C

他是一個非常喜歡性虐待的人，做出來的舉動甚至會讓人瞠目結舌，感到不可思議。

✳ 選擇D

他的性虐待傾向很低，對於性虐待和其他異常的性行為都無法接受。但是ＳＭ的行為存在於每個人的潛意識中，換言之，與其說他不能接受這種行為，不如說他對於這個念頭的強烈壓抑。或許在日後的某一天，他也會突然要求這些行為也說不定。

07. 中獎的禮品

妳參加一個party，在接近尾聲時，眾人期待已久的抽獎活動終於開始了。妳幸運地被抽中跑去領獎時，發現桌子上陳列著四個包裝精美的大小盒子任妳挑選。前提是，妳不能打開包裝查看裡面的東西，只能憑感覺來選擇。請問，妳會選擇哪一個呢？

A又大又重的禮物盒。

B大而輕的禮物盒。

C雖然很小，但是很重的禮物盒。

D又小又輕的禮物盒。

【測一測】拒絕他性要求的最佳方法。

【心理解析】當妳的男友提出性要求，而妳卻因為當天的生理及心理狀況不佳，並不想做那檔子事時，該怎麼對付呢？許多女孩都面臨過這種情況。男人最怕被女人拒絕，如何將「不要」兩字說出口，倒成了一門藝術。這個測驗可以幫助妳找出拒絕他的最好方法。禮物盒的大小表示其厚臉皮的程度，而重量則表示其容易受傷的程度。人一旦收到沉甸甸的禮物，就會開始猜測裡面到底裝的是什麼東西。所以，有些人為了避免打開後大失所望，通常只會選擇小而輕的禮物。這就是判斷的重點。

看一看

※ 選擇A

他是一個急躁、性急的人，屬於那種想要就要、想做就做的類型。如果妳的情緒不對卻又不好意思拒絕的話，他當然會不開心嘍！但他是那種比較單純的人，喜歡直來直去往方式，即使拒絕了他，也不會傷害到他。因此，如果妳不想要的話，不妨直接告訴他。

※ 選擇B

他是個大男人主義非常嚴重的人，通常很愛面子，自尊心也很強。如果他想要的東西沒能得手，就會覺得很丟臉。所以，他即使是明白了妳的意願，也會為了面子強迫妳上床的。這時妳若是直截了當地拒絕了他，很可能會嚴重挫傷他的自尊心。建議妳裝出很忙、很累的樣子，委婉地拒絕他。

※ 選擇C

他是一個細心的人，十分在意妳的感受。不過，每個人都會有克制不了欲望的時候，雖然他很懂得體貼妳，但是當欲望戰勝理智時，還是會向妳提出性要求的。還好，他的自我控制能力還不錯，如果被拒絕了，也不會有什麼受傷的感覺。建議妳在不想要的時候，最好用溫柔親切的言語來說服他。

※ 選擇D

他絕對可以稱得上是一個紳士，非常尊重女性，並且十分善解人意。不但注意關注妳的心情，還會關心妳的生理狀況，除非是他的欲望極其強烈，否則絕不會在妳不想要的時候強人所難。當他認真地向妳提出要求時，如果妳真的連一絲做愛的情緒都沒有的話，最好是以稱讚的方式拒絕他。比如說：「親愛的，你的好意我心領了，可是……」

08. 設計師的感慨

在工作室裡，一位珠寶首飾設計師手裡拿著一串珍珠項鍊，仔細地審視著這件剛剛完工的作品。設計師看了許久，突然發出了一聲感慨。憑妳的直覺，妳認為設計師說了一句什麼樣的話呢？

A 真的好棒！可以拿去參加比賽了。

B 唉！還是不行！

C 有進步，越來越好了！

D 不錯，怎麼說都是一件了不起的作品。

【**測一測**】 妳的床上技巧。

【**心理解析**】 珍珠項鍊是男女雙方共同產生快感的象徵，設計師的水準意味著性技巧。從妳所選擇的答案中，可以判斷出妳在床上的技巧水準到底怎麼樣。

※ 選擇A

妳的床上功夫可真是棒得沒話說，從營造浪漫氣氛開始，到翻雲覆雨後的溫柔，妳都表現得十分出色。妳有豐富的性經驗和高超的性技巧，不管對方是什麼樣的男性，妳都能夠自信滿滿地擺平他。

※ 選擇B

妳對床上的技巧要求非常高，不斷地進行嘗試和改進，是一個無可爭議的技巧專家。妳就像一個好奇寶寶，把從雜誌上或影視作品中看到的知識，不斷地搬到床上去試驗。對於各種體位的做愛方式，甚至異於常人的方式，妳都會去嘗試，其大膽的程度，有時也會令對方不知所措。

※ 選擇C

妳的做愛技巧從現在才開始起步，需要經過不斷的學習和嘗試，才會變得越來越好。由於妳對性的態度十分謹慎，所以性技巧是有很大的提升空間的。話又說回來了，沒有什麼特別的技巧也是一種技巧，妳簡單、純真的方式，說不定更合乎他夢中情人的姿態呢！

※ 選擇D

簡而言之，妳很擅長扮演被動者的角色。妳是一個十分傳統、保守的人，在床上，是不會主動對男人提出要求的，妳認為男人應該理所當然地充當支配者的角色。另一方面，妳是一個很懂得接受的人，即使對方是一個缺乏做愛技巧的生手，妳也會給他很強烈的回應，是非常溫柔的典型。不過，在給男人信心的同時，也要多注意自己最真實的感受，不能過分壓抑自己哦！

09. 隧道之外的景象

　　12世紀的法國,貴族騎士康得·瑟伯特和他的僕人安德魯吃了糊塗巫師的一劑「時光穿梭魔力藥水」,結果一覺醒來後,發現自己竟然已身在21世紀的美國芝加哥。一臉莫名其妙的康得和傻乎乎的安德魯被這個陌生喧鬧的城市搞得暈頭轉向、不知所措,他們漫無目的地在路上行走,不知不覺來到一條長長的隧道前。如果你是康得·瑟伯特騎士的話,在穿過隧道後,你希望呈現在你們面前的將是怎樣的景象?

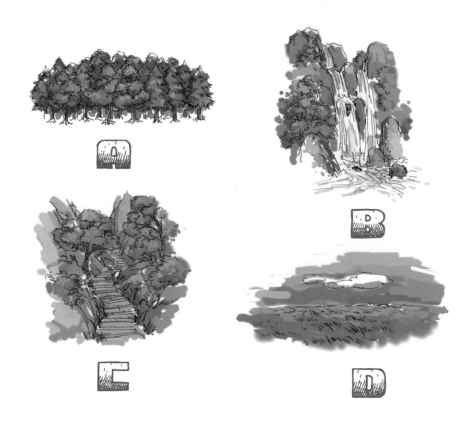

【心理解析】性傾向是一個人在性的方面喜好、欲望與表達的結合。隨著剛交往的兩個人的戀情的進展，關於性的問題也就理所當然地產生了。由於立場和時代的不同，關於性觀念存在著許多不同的見解，那麼，你的見解是什麼呢？

看一看

✳ 選擇A
森林本身是與「鬱鬱蒼蒼」的影像結合在一起的。走進這樣的環境中，也正是意味著進入了封閉自我的殼內。被認為是傾向於性保守的類型。

✳ 選項B
象徵湍急地流動著的行動構圖。因此，選擇B的人，無論從哪個方面來說，都可以算作是性開放的類型。崎嶇的山路，穿越起來十分困難，從心理學上來說，很自然地引起不容易與人接近等的連鎖反應。

✳ 選擇C
這一類型的人，可以認為是對性採取排斥態度的類型。

✳ 選擇D
寬廣的原野，是廣闊而壯大的場所的影像。換言之，這與心理的傾向是一樣的，屬於能夠與對方配合而享受性的類型。

10.插蠟燭

在一次家庭派對中，你準備好了一個大蛋糕，準備和幾個好友一起分享。在點蠟燭的時候，你會在上面插幾支蠟燭呢？

A插許多支五顏六色的蠟燭。

B在中間插上一支紅蠟燭。

C插三支蠟燭。

D插一支做成熊貓形狀的蠟燭。

💠【測一測】你憧憬的性愛方式。

💠【心理解析】蛋糕上的蠟燭象徵著對夢想與性的渴望，蠟燭的數量越多，代表著你的欲求越強烈。在浪漫的燭光下很容易激發你對愛情的期盼。讓我們一邊插蠟燭，一邊來探究你心裡的那一片禁地吧！

✳ 選擇A

你是一個非常羅曼蒂克、注重情調氣氛的人，心中的夢想比你插的蠟燭還要多。對於愛情，你充滿了憧憬，喜歡周旋於眾多異性之間，期望從中挑選一個來圓自己的愛情夢。在性方面，你喜歡那種做事乾脆，不拖泥帶水的異性。

✳ 選擇B

你是個非常開放、大膽的人，對性看得不是那麼重要，一旦喜歡上人家就很容易和對方上床。你認為做愛就像運動一樣平常而自然，所以在別人的眼裡，你很容易被人誤解為是一個隨便的人。

✳ 選擇C

蛋糕上插三根蠟燭代表的意義分別是知性、熱情和意志，因此，選擇這個答案，說明你是一個重視精神與肉體相互和諧的人，凡事都能夠理智地行動，不會受感情所左右。

✳ 選擇D

你可能是一個年紀還很小，或者是不成熟的人。認為性是一種骯髒、齷齪的行為，一聽到黃色笑話就眉頭緊鎖，對性抱著一種抗拒的態度。你屬於稚氣未脫型，現實與夢想尚有一段差距。

11.瑪麗蓮‧夢露的圍巾

　　瑪麗蓮‧夢露想去參加燭光晚宴，由於天氣很冷，她想披上一條圍巾，可是衣櫥裡的那些都不合她的意。於是，她讓妳去服裝店裡幫她買一條帶有蘋果圖案的圍巾，剛好服裝店有三種合乎要求的圍巾，請問，妳會選擇哪一種？

A只有一個小蘋果圖案的圍巾。

B有許多小蘋果圖案的圍巾。

C有許多大蘋果圖案的圍巾。

【心理解析】關於女友的性經驗，每個戀愛中的男子都特別想知道，可是這個問題似乎難以啟齒，問了呢，她也不一定會說實話，現在好了，做了這個測驗就知道啦！在這個測驗中，蘋果具有一定的意義，在《舊約》中所記載的亞當和夏娃的故事裡，蘋果代表著禁果，也就是禁忌的象徵。圍巾暗示著男性，蘋果圖案的多少代表著突破禁忌的次數，蘋果圖案的大小則表示你陷入對方性誘惑的程度。

看一看

✳ 選擇A

妳是一個保守的女孩，有很強的處女情節，十分注重個人的隱私。妳雖然對性充滿了激情的幻想，希望像睡美人般被王子吻醒，但是通常會因為過於保守而使幻想落空。在妳的一生中，很難出現「紅杏出牆」的情況，唯一要小心的是被壞男人騙。

✳ 選擇B

「現代豪放女」這個封號非妳莫屬！妳思想開放，絕不會故作嬌羞狀，敢愛敢恨是妳的風格。妳認為性是生活的一部分，就像穿衣、吃飯一樣平常。妳可以將戀愛和性分開思考，所以妳和許多男性都有過愉快的性經歷。即使妳現在說：「討厭，我以前從來沒有做過那樣的事！」將來也很有可能會那樣做。

✳ 選擇C

妳是個著重內外兼修的女性，不太容易被感清沖昏頭，也不喜歡搞一夜情。但是妳一旦被感情傷害了，卻很容易走極端。如果妳以前曾經有一個刻骨銘心的戀人，妳會至今也無法忘掉和那個人在一起的性經驗。日後妳可能會對性有所顧忌，無法開始新的戀情；也有可能自暴自棄，跟很多男人上床。

12. 受罰的書生

一個書生邂逅了一位美麗的仙女，對仙女朝思暮想，愛得死去活來。仙女對他說：「如果你我結為夫妻，一旦被天上的王母發現，你就會被罰做畜牲。」書生毫不畏懼，最終和仙女結為連理。剛過了一個月，王母得知此事，一怒之下將書生變成了一種動物。如果你是王母的話，會將書生變為哪種動物呢？

【測一測】 你對伴侶的性要求。

【心理解析】 在心理學上，這種把自己的希望欲求等心理狀態，藉由某種物品或是事件將它表達出來的方式稱之為「投射」，許多心理測驗方法都是運用這個原理來設計的。就這個問題來說，假藉動物化身的渴望，引申出與戀愛以及性有關的心理狀態。答案中的動物分別有其所代表的性象徵，不管是性器官或是性能力方面，這些動物都具有和其他動物不同的特點。

✳ 選擇A

一般來說，只要提到馬就會使人聯想到牠們的性器官非常「雄偉」，選擇這個答案的人，不管是男生還是女生，都期望自己或是對方能擁有巨大雄壯的性器官。此類人的虛榮心比較強，自視高人一等，不管是談戀愛還是與人發生性行為，都會不計後果，一頭栽進去。

✳ 選擇B

你喜歡那種糾纏不休、費時耗力的性愛，反過來說，你對目前這種清淡如水、草草了事的性生活一點也不滿意。如果對方遲遲不能觀察到你內心的渴望，你就會變得有些煩躁不安。

✳ 選擇C

你對性的好奇心不是很強，對這方面也沒有什麼經驗，即使是有了經驗，對性也沒有什麼特別的要求。

✳ 選擇D

你不喜歡太過花俏的性愛，只要對方的經驗和技巧和自己差不多就會令你感到滿足。由於你十分在意對方的感覺，從女性的角度來看，可能會有些不滿足。總而言之，你在性生活上不會出現紕漏，也不會有大起大落的情形發生。

✳ 選擇E

你十分熱衷於此道，會極力思考性的任何一種可行性，你身體的下半部動得比你的頭腦還要多。你的性欲十分旺盛，一個性伴侶根本無法令你滿足。

✳ 選擇F

你在性生活方面的表現十分普通，雖然時間很長，但是做愛的姿勢固定沒有變化，時間一長會讓人感到缺乏新意。

13. 異性的挑逗

如果有一位風流瀟灑的男性或者美豔絕倫的女性，經常對你進行挑逗，想認識你，你是否會給他（她）任何機會呢？你將採取何種態度來應對呢？

A認為對方無理取鬧，根本不做任何理會。

B大罵對方是瘋子，然後轉身離去。

C決定找他好好談一談，曉以一番大義。

D鄙視其做法，但又充滿了好奇。

E以其人之道還治其人之身，用相同的方式回應對方。

🌀**【測一測】**你婚後的性生活是否會出現問題。

🌀**【心理解析】**理想的婚姻要具備健康和諧的性生活，知道性在婚姻中的地位，才不會過分重視或逃避它。瞭解夫妻共用性是既正常又美好的事情，但卻又不是婚姻的全部。婚姻的親密關係不應只靠性來維持，但夫妻在婚姻生活中是需要性來滋潤他們的愛情。性是人類本能需求，婚姻以愛為基礎，夫妻結為一體，是身體上與心靈上的結合；性是婚姻中的粘著劑，使夫妻有合為一體的感覺，更能如膠似漆，加上愛的元素做基礎，婚姻才能維持，所以說，夫妻之間和諧性的調適格外重要。

❈ 看一看

❈ 選擇A
你是一個非常傳統保守的人，性愛方式相當落伍，性伴侶很難開啟你的熱情。你可能是因為責任的關係，在婚後勉強應付你的配偶，因為過於傳統和保守的性格，使你無意瞭解或嘗試任何性愛的技巧。所謂的性冷感，你當之無愧，小心後悔！

❈ 選擇B
你自命清高，在性生活上不能接受熱情的調情。你的性生活一向採取有板有眼的方式，能有多少人能適應你，這才是嚴重的問題。切記不要苛責別人的愛情與性，以免顯得自己太古怪。

❈ 選擇C
你有相當好的適應能力，無論性伴侶有任何怪異要求，都可以得到你的諒解，並且盡力配合。所以，無論在婚後遇到何種情況，你都有辦法改進，使雙方擁有美滿的性生活。

❈ 選擇D
你絕對是個悶騷型的人物，表面有令人敬仰的道德觀，內心卻是風騷得一塌糊塗。你能夠享受性生活，有很多奇異的性幻想，婚後的你若有外遇將非常隱蔽，若無外遇則是精神出軌型，是自戀情結式的性生活。

❈ 選擇E
你有出奇制勝的點子，開放與大膽正是你性生活的寫照。你對「性」有濃厚的興趣，因此無法安於保守的性生活。婚後的你難免不安於室，外遇機會多，而且很能享受性愛的樂趣。

14. 耐心等待二十秒

請你在二十秒鐘之後進入測驗──等、等、等！一定要有耐心哦！

二十秒過後，請你回答，你是如何來計算二十秒的呢？

A看手錶。

B憑自己的感覺。

C請人幫忙計算。

D太麻煩了，乾脆不計算。

● **【測一測】** 你如何面對避孕這個敏感問題的。

● **【心理解析】** 這項測驗，主要是探測你心裡「瞬間抑制欲求不滿」的能力。心理學認為，當你心裡有一股強烈的欲求，但又必須在瞬間阻止它時，就是所謂的「瞬間的欲求不滿」，如果能夠成功抗拒的話，就是「抑制欲求的不滿」。在羅曼蒂克的浪漫氣氛下，情人之間互相擁抱和愛撫，正想魚水交歡時，突然讓你中止性欲，採取避孕的話，就會感覺很痛苦。在這種情況下，你又是如何應對的呢？請看答案吧！

⠿ 看一看

✳ 選擇A的人

無論如何，一定要採取避孕。無論當時的氣氛是如何激情浪漫，一旦談及避孕時，你會自行解除一時衝動的欲望，冷靜地去考慮。但是，如果你過於小心謹慎的話，很容易使兩個人的激情，像被潑了冰水般地凍結。

✳ 選擇B的人

一切順其自然。平常你還是能夠做到主動避孕的，可是在面對特殊的情況時，往往不能自持。也許你知道這樣做的後果，可是你根本壓抑不住自己的衝動，所以你很容易中標的哦！不過你的心態相當好，即使是避孕失敗，也會將傷害程度減小到最低。

✳ 選擇C的人

希望對方能夠主動避孕。你覺得這樣做很麻煩，所以把避孕的責任推給了你的另一半，說明你的責任感不強，只知道享受，不知道體諒對方的感受。所以你要學會合作，承擔責任。

✳ 選擇D的人

不考慮避孕，一切按照本能行事。面對香豔刺激的場面，誰都會熱情似火、情欲高漲，這原本是人之常情。可是無謀的行動，最終只會招來悲慘的結局。如果你的另一半是這個類型的話，你可要小心了！只有你才能阻止「不成功，便成人」的悲劇發生。

15. 坐姿傳達的訊息（2）

男人想瞭解女人，女人想認清自己，現在從她的坐姿來瞭解吧！（女人篇）

A雙腿交叉。

B雙腿叉開。

C雙腿併攏。

D小腿叉開呈倒V型。

女人想瞭解男人，男人想認清自己，也可以從坐姿入手。（男人篇）

A坐的時候雙腳會碰撞或者抖動的人。

B經常翹腳坐。

C坐下便叉開雙腳，但腳踝又維持很近。

【測一測】 從坐姿看人的「性」格。

【心理解析】 男人想瞭解女人的身體，男人更想透過女人的身體瞭解女人的床上「性」格；女人想瞭解自己，女人想知道在自己的身體裡隱藏著怎樣的「性秘密」，也許它們是女人自己也尚未察覺的「性」號。俗話說：「人搖福薄，樹搖葉落。」在某種程度上又與行為心理學的見解類似——同樣是從一個人的坐姿窺探其心理狀態及性欲習慣。

✳ 選擇A

著裙裝雙腿交叉不易走光，經常持這種坐姿的女人，通常都以自我為中心，不太會受男友的擺佈，所以有「大女人」之稱。她待人真誠，很容易結交，然而如果要真正地擁有她那就另當別論了。性格使然，交叉雙腿的女人比較喜歡主動的性愛方式，如女上男下式，這樣她更容易控制和體會。她很放得開，在做愛的時候絕不會拘謹，到時候相信你會驚訝於她的表現，說不定會給你一個驚喜哦！

✳ 選擇B

雙腿叉開的女性個性比較豪爽，在思想上更是主動而前衛。一開始你與富有男孩子氣的她交往會覺得很容易，甚至可以稱兄道弟，可是以後你就會被她的魅力深深地吸引，變得不能自拔。豪爽而又主動的她，絕不會因為金錢和你上床，她看中的是你的個人魅力。她在做愛時的主動態度絕對不會讓你失望，哪怕是在前戲的時候矜持萬分，當切入主題的時候，她就會有很多的要求，不斷變換花樣就成了你使她折服的有效手段了。

✳ 選擇C

雙腿併攏是一種很斯文的坐姿，這種女人通常都比較注重形象，認為漂亮是非常重要的。喜歡唯美的她，當然不會喜歡太過刺激的性愛，特別是當你要嘗試新鮮的性愛方式時，她通常會婉拒。與性愛的數量相比她更喜歡提高性愛本身的品質，在平常的性愛方式中找到完美的感覺。

✳ 選擇D

呈倒V型的女人是天真而又可愛的一類，她最受同性的歡迎。異性如果對她一見傾心，得費一番工夫。而且一旦與她有了床第之歡，你休想輕易脫身，不過如果你想討她做老婆就正合你意啦！她在床上是一個傳統女性的角色，喜歡男上女下的模式，如果你特別熱衷在性愛上有所創新的話，那你還是需要慢慢地對她進行引導，心急了什麼都得不到。

看一看（男人篇）

※ 選擇A

這是一種不自覺的行為，很多人會在問題發生後下意識有類似的表現。很明顯你在此刻內心很不平靜，可能正在搜索枯腸計畫什麼。假如沒有任何特別令人費神的情況出現，卻還有這種動作，則說明你這個人脾氣比較暴躁、容易發怒，做事也缺乏耐性。更重要的一點是，這種暴躁型的男士，在床事上大多不懂得憐香惜玉，不會營造氣氛、說要就要，甚至還會霸王硬上弓。

※ 選擇B

你是一個很守規矩的人，自我要求很高，相對來說，對別人也十分苛刻。那些約束能力差、個性散漫的人是無法和你成為情侶的。你在床上的要求和你的性格一樣，要求完美無瑕，一旦對方誤會了你的意圖，你的性趣會一下子消失，很難再點燃。

※ 選擇C

如果女性這樣，則格外不雅。男士有這種坐姿的比較具有男子氣概，而且還有一定的社會地位。在一般談話過程中採用這種姿勢，很容易令人產生一種優越感，倘若再加一點勇氣與果斷，會使這類性格的人變得更加堅持，並不會輕易改變自己的決定。在性生活上，這種人也是霸氣十足。

國家圖書館出版品預行編目資料

全世界都在玩的愛情心理測驗／腦力&創意工作室編著.
第一版──臺北市：宇河文化 出版：
紅螞蟻圖書發行，2008.9
面 ； 公分. ──（新流行：15）

ISBN 978-957-659-682-7（平裝）

1.心理測驗
179.1 97014048

新流行 15

全世界都在玩的愛情心理測驗

編　　著／腦力&創意工作室
美術構成／Chris' office
校　　對／周英嬌、楊安妮、朱慧蒨
發 行 人／賴秀珍
榮譽總監／張錦基
總 編 輯／何南輝
出　　版／宇河文化 出版有限公司
發　　行／紅螞蟻圖書有限公司
地　　址／台北市內湖區舊宗路二段121巷28號4F
網　　站／www.e-redant.com
郵撥帳號／1604621-1　紅螞蟻圖書有限公司
電　　話／(02)2795-3656（代表號）
傳　　真／(02)2795-4100
登 記 證／局版北市業字第1446號
數位閱聽／www.onlinebook.com
港澳總經銷／和平圖書有限公司
地　　址／香港柴灣嘉業街12號百樂門大廈17F
電　　話／(852)2804-6687
新馬總經銷／諾文文化事業私人有限公司
新 加 坡／TEL：(65) 6462-6141　　FAX：(65) 6469-4043
馬來西亞／TEL：(603) 9179-6333　　FAX：(603) 9179-6060
法律顧問／許晏賓律師
印 刷 廠／鴻運彩色印刷有限公司
出版日期／2008年9月　第一版第一刷

定價260元　　港幣87元

ISBN 978-957-659-682-7　　　　　　　　Printed in Taiwan